CHARLY TILL

DAS GRILLBUCH FÜR DEN THERMOMIX®

DIE BESTEN REZEPTE FÜR SOSSEN, MARINADEN, BEILAGEN UND BROTE

TM5 & TM31

riva

Bibliografische Information der Deutschen Nationalbibliothek:
Die Deutsche Nationalbibliothek verzeichnet diese Publikation in der Deutschen Nationalbibliografie. Detaillierte bibliografische Daten sind im Internet über http://d-nb.de abrufbar.

Für Fragen und Anregungen:
info@rivaverlag.de

Originalausgabe
1. Auflage 2017

Nymphenburger Straße 86
D-80636 München
Tel.: 089 651285-0
Fax: 089 652096

Redaktion: Eva Siegmund
Umschlaggestaltung: Laura Osswald
Umschlaggabbildungen: Karl Allgaeuer/Shutterstock.com (Obatzter); sarsmis/Shutterstock.com (Quinoasalat); Jag_cz/Fotolia.com (Hähnchen); olhaafanasieva/Fotolia.com (Kartoffelspieße); Inkru/Shutterstock.com (Chilisoße)
Layout und Satz: inpunkt[w]o, Haiger, (www.inpunktwo.de)
Druck: Florjancic Tisk d.o.o., Slowenien
Printed in the EU

ISBN Print 978-3-7423-0147-5
ISBN E-Book (PDF) 978-3-95971-590-4
ISBN E-Book (EPUB, Mobi) 978-3-95971-589-8

INHALT

Vorwort

Let's Grill!

Grillen liegt voll im Trend – und das seit Jahren. Doch in letzter Zeit wird beinahe alles, was man essen kann, auf den Grill gepackt. Warum eigentlich, habe ich mich einmal gefragt, stehen wir so drauf? Weil es so herrlich und herzhaft duftet und wir uns kaum zurückhalten können, bis unser Steak durch ist? Weil uns die Vorfreude schon bei der Auswahl der Lebensmittel beim Einkaufen packt? Weil wir leicht hämisch an die Nachbarn denken, die zwar mitriechen, aber nicht mitessen dürfen? Oder weil es einfach Spaß macht, sich mit guten Freunden und der Familie zu treffen und alles gemeinsam zu genießen?

Ich glaube, es ist ein wenig von allem. Und ehrlich gesagt: Dazu befriedigt es doch irgendwie unsere ureigensten Bedürfnisse nach Fleisch, Jagen und Höhlenschmaus – Reste aus der Steinzeit, die noch irgendwo tief versteckt in uns schlummern. Und das hat nichts mit dem heutigen Suchen nach WiFi, Pokemons oder der Dauererreichbarkeit per Handy und Whatsapp zu tun.

Und wurde der Grill auch weiterentwickelt vom einfachen Holzkohlebecken zum Hightechgerät mit Appsteuerung, so freut sich doch so mancher gerade über die Einfachheit, mit der wir unsere Würstchen auf glühender Kohle – am besten dunkelbraun – grillen können.

Die Damen stehen ja meist eher auf Fisch, Gemüse oder vegane Tofuspezialitäten. Naja, warum nicht? Auf dem Grill findet man doch für alles ein Plätzchen, oder? Da liegt die Tofuwurst friedlich vereint neben der Schweinsbratwurst, das Sellerieschnitzelchen neben dem Ribeye. Ist doch für alle Platz!

Vorbereiten können wir unsere schön scharfen oder leicht fruchtigen Marinaden und Soßen, knusprigen Brötchen, feinen Gewürze und Aufstriche in unserem Lieblingsapparat, der irgendwie doch alles andere in den Schatten stellt: der Thermomix®! Der sorgt dafür, dass wir dann beim geselligen Grillfest so richtig schön Zeit haben, uns dem Grill, dem, was wir darauf zubereiten und unseren Gästen zu widmen.

Ich wünsche Euch schon mal Prost und einen guten Appetit – und viel Spaß beim Feiern!

Euer Charly

Verwendete Abkürzungen

In den angegebenen Rezepten werden folgende Kürzel und Begriffe verwendet:

TM	Thermomix® (gemeint ist dabei der Mixtopf)
MB	Messbecher (durchsichtiger Innendeckel zum Abdecken und Abmessen)
Mixtopf	Koch- und Mixbehälter des Thermomix®
Mixbecher	Mixtopf
Stufe...	Rührstufe (Drehgeschwindigkeit)
Linkslauf	Schalter zum Umstellen von Zerkleinern (Mixen, Pürieren) auf Vermischen (Aufschlagen, Verrühren)
Spateln	die Verwendung eines Küchenspatels, mit dem Zerkleinertes im Mixtopf nach unten geschoben wird, der Einfachheit halber als »Spateln« bezeichnet

Angaben für den TM31 werden in Klammern angegeben, z. B.: (**8 Min./Varoma/Stufe 2/ohne MB**)

Tipps für den Umgang mit dem Thermomix®

- Allererstes Gebot: Mixtopf und Deckel nach der Benutzung sofort auswaschen!

- Beim Pulverisieren von Zucker oder Gewürzen verteilt sich das feine Pulver in der Regel überall im Mixtopf. Mit einem Spatel lässt es sich schlecht nach unten schieben, vor allem bei kleineren Mengen. Dafür verwende ich einen Küchenpinsel. Unter den Messbecher kann man ein Küchenpapiertuch stecken, dann kommt der feine Zuckerstaub nicht durch. Vor dem Öffnen des Mixtopfes etwas abwarten, bis sich der »Nebel« gelegt hat.

- Die eingebaute Waage ist nicht immer genau. Wenn die exakte Menge besonders wichtig ist (z. B. zum Abwiegen von Gewürzen oder für Backwaren), empfehle ich eine externe Digitalwaage.

- Das Schlagen von Sahne, Eiweiß oder die Herstellung von Eis gelingt besser, wenn der Mixtopf vorher für 20 Minuten im Gefrier- oder Kühlschrank gekühlt wird. Ist dafür mal keine Zeit, so zerkleinert man einfach einige Eiswürfel (Turbotaste), die man anschließend wegschüttet (oder für einen kleinen Drink zwischendurch nutzt), dann ist der Mixtopf auch schön kühl.

- Wenn man den Varoma-Aufsatz benutzt, dann muss man wirklich gut aufpassen, denn das Teil wird so richtig heiß! Ich decke das Ganze gerne mit einem (Stoff-)Küchentuch oder alten Frotteehandtuch ab und bin wirklich vorsichtig beim Öffnen des Deckels bzw. Herunternehmen des Varoma-Aufsatzes. Denn schnell verbrüht man sich am heißen Dampf, der aus dem Mixtopf steigt!

- Den Rühraufsatz (Schmetterling) darf man nur bis Stufe 4 verwenden!

- Er ist ansonsten hitzebeständig (bis etwa 120 °C nach Herstellerangaben) und es lohnt sich, ihn für die Herstellung von Eis und Kaltem im Gefrierschrank zu lagern.

- Klebrige Teigreste oder fettige Speisereste entfernt man am einfachsten, indem man 4 Tropfen (Marken-)Spülmittel sowie 1 l Wasser in den Mixtopf füllt und diesen dann **4 Min./60 °C/ Stufe 5–6** laufen lässt. Wenn Schaum hochsteigt auf Stufe 2 reduzieren. Meistens ist er dann auch schon sauber und muss nur nachgespült und getrocknet werden.

- Kochzeiten sowie Rührzeiten können variieren: Da wir mit Naturprodukten hantieren, haben diese auch z. B. einen unterschiedlichen Wasser-, Zucker- oder Stärkegehalt. Also kann es durchaus vorkommen, dass Gerichte entweder ein wenig kürzer oder auch länger gekocht/gerührt werden müssen.

- Saulecker ist selbst gemachter Vanillezucker für Nachtisch oder zum Backen: 2 gut getrocknete Vanilleschoten in Stücke brechen, mit 150 g Zucker **10 Sek./Stufe 10/mit MB** pulverisieren. Mit dem Pinsel nach unten schieben und wiederholen, bis alles fein gemahlen ist. In ein kleines Glas füllen, verschlossen aufbewahren. Man benötigt nur ½ bis 1 TL, da dieser Vanillezucker intensiver als z. B. Vanillinzucker ist.

SALATE UND DRESSINGS

Acht-Kräuter-Dressing

Zutaten für etwa 250 g

2 Schalotten
4 EL Rotweinessig
2 TL Senf, mittelscharf
½ TL Salz
1 Prise Pfeffer
2 TL Zucker
1 EL 8 Kräuter-Mischung (TK) oder gehackte frische Kräuter
150 ml Raps- oder Olivenöl
etwas abgeriebene Zitronenschale

Zubereitung

1. Schalotten schälen, halbieren. Mit Essig, Senf, Salz, Pfeffer, Zucker und den Kräutern im Mixtopf **10 Sek./Stufe 6/mit MB** zerkleinern.
2. **2 Min./Stufe 2** rühren, dabei das Öl zulaufen lassen. Die Zitronenschale dazugeben und nach Geschmack noch etwas salzen oder pfeffern.

Schmeckt zu Blatt- und gemischten Salaten.

Krautsalat (Coleslaw)

Zutaten für 4–6 Portionen

500 g Weißkohl, gewaschen, äußere Blätter und Strunk entfernt
100 g Karotten, gewaschen, geputzt, in Stücken
1 EL Zucker
40 g Apfelessig
2 EL Zitronensaft
1 gestr. TL Salz
50 g Sahne
200 g Schmand
1 EL mittelscharfer Senf

Varianten:

Nach Belieben ½ Dose Maiskörner dazugeben
Statt Weißkohl Rotkohl verwenden

Zubereitung

1. Weißkohl in Stücke schneiden. Im Mixtopf **5 Sek./Stufe 5/mit MB** zerkleinern. Bis zur gewünschten Größe wiederholen, spateln und umschütten. Die Karotten **5 Sek./Stufe 5/mit MB** hacken. Zu den Kohlhäckseln schütten und vermischen.
2. Zucker, Essig, Zitronensaft und Salz **4 Min./90 °C/Stufe 2/ohne MB** kochen. Sahne und Schmand dazugeben, weitere **5 Min./100 °C/Stufe 2/ohne MB** rühren. Senf in den letzten 30 Sekunden dazugeben.
3. Noch heiß über den gehackten Weißkohl gießen (der Kohl wird dadurch bekömmlicher), gut durchmischen und mindestens 3 Stunden lang gekühlt durchziehen lassen. Vor dem Servieren evtl. nachzuckern oder säuern nach Geschmack.

Bunter Salat mit Zimt-Orangen-Dressing

Zutaten für 4 Portionen

1 Orange, unbehandelt
1 Zitrone, unbehandelt
250 g Blattsalate, gemischt oder Rucolasalat
6 EL Olivenöl
3 EL Nussöl (Hasel- oder Walnuss)
1 TL scharfer Dijon-Senf
1 TL Honig oder brauner Zucker
1 Prise Zimt
Meersalz
Pfeffer
nach Belieben: 100 g Erdbeeren

Varianten:

Einen Teil vom Saft durch Sherry oder Wermutwein ersetzen
Statt Zitrone und Orange rosa Grapefruits verwenden (unbedingt Bioware mit essbarer Schale!)

Zubereitung

1. Orange und Zitrone mit heißem Wasser abwaschen, abtrocknen. Schalen mit einer Reibe fein raspeln, Saft auspressen. Salat waschen, bei Bedarf zerpflücken oder schneiden.
2. Olivenöl, Nussöl, Zitronen- und Orangensaft und -abrieb mit Senf und Honig (oder Zucker) in den Mixtopf geben. **10 Sek./Stufe 4/mit MB** mischen. Mit Salz, Zimt und Pfeffer abschmecken. Erdbeeren waschen und putzen. Grob in Stücke schneiden.
3. Kurz vor dem Servieren Dressing über den Salat gießen und gründlich vermengen. Nach Bedarf nachwürzen. Erdbeeren darauf verteilen und servieren.

Karotten-Apfelsalat mit Balsamicodressing

Zutaten für 4 Portionen

- 400 g Karotten, geputzt und geschält
- 1 Apfel, geschält und ohne Kerngehäuse
- 1 Prise Pfeffer
- 1 EL Zitronensaft
- 2 EL Aceto Balsamico
- 1 gestr. TL Salz
- 2 TL Zucker
- 1 TL Senf
- 3 EL Olivenöl
- 1 EL Kürbiskernöl
- 1 TL abgeriebene Orangenschale

Zubereitung

1. Karottenstücke im Mixtopf etwa **5 Sek./Stufe 5/mit MB** hacken und umfüllen. Apfel vierteln und im Mixtopf **2 Sek./Stufe 5/mit MB** zerkleinern.
2. Karottenhäcksel wieder dazugeben sowie alle anderen Zutaten, im Mixtopf **10 Sek./Stufe 5/Linkslauf/mit MB** vermengen. Abschmecken und ggfs. nachwürzen. Entweder sofort oder nach 1 Stunde im Kühlschrank servieren.

Als Varianten noch jeweils 1 TL Paprikapulver und/oder 1 TL Currypulver und/oder 1 TL Ingwerpulver zugeben. Außerdem passt die selbst gekochte Crema di Balsamico (S. 44) dazu.

Nudelsalat »Saulecker«

Zutaten für 8 Portionen

- 400 g Nudeln (Spirelli, Penne, Pipette o. Ä.)
- 2 gelbe Paprikaschoten
- 4 Eier, hartgekocht
- 1 Glas Gewürzgurken (ca. 370 g)
- 400 g Geflügelfleischwurst
- 1 EL gehackte Salatkräuter, z.B. Dill, Basilikum, Schnittlauch, Petersilie
- 200 g Mayonnaise (am besten selbst gemacht)
- 200 g Sahnejoghurt, 10 % Fett
- Pfeffer
- Salz

Zubereitung

1. Die Nudeln in Salzwasser nach Packungsanleitung bissfest (al dente) garen. Abgießen und mit kaltem Wasser abschrecken (oder im TM mit1 l Wasser **30 Min./100 °C/Stufe 2/mit MB** im Garkorb kochen).
2. Paprikaschoten waschen, putzen, jeweils in 8 Stücke schneiden. Eier schälen und vierteln. Saure Gurken aus dem Glas nehmen, abtropfen lassen, etwas Flüssigkeit dabei auffangen. Fleischwurst in 2 cm dicke Scheiben schneiden, vierteln und **5 Sek./Stufe 4/mit MB** hacken, in eine Salatschüssel umfüllen.
3. Paprika und Gewürzgurken im Mixtopf **5 Sek./Stufe 4/mit MB** hacken. Zur Wurst geben.
4. Kräuter in den Mixtopf geben und mit der Mayonnaise und dem Joghurt **10 Sek./Stufe 3/mit MB** vermischen. Über die Wurst-Paprika-Mischung geben, Nudeln zufügen und alles mit einem Löffel vermengen. Mit Salz und Pfeffer und etwas von der Gurkenflüssigkeit abschmecken. Kalt stellen und noch 2 Stunden im Kühlschrank durchziehen lassen.

Waldorfsalat

Zutaten für 5–6 Portionen

350 g Sellerieknolle (geputzt)
2 EL Zitronensaft
2 Äpfel (säuerlich)
50 g Walnusskerne
200 g Ananas, in Stücken (frisch oder abgetropft aus der Dose)
50 g Mayonnaise
150 g Joghurt, 10 %
1 Prise Pfeffer
1 TL Meersalz
2 TL Zucker

Variante:

Statt der Äpfel feste Birnen verwenden

Zubereitung

1. Sellerie in grobe Stücke schneiden. Im Mixtopf **12 Sek./Stufe 5/mit MB** hacken, spateln (der Sellerie soll zwar fein gehackt, aber nicht musig sein). In eine große Schüssel umfüllen und sofort mit dem Zitronensaft beträufeln, durchmischen.
2. Äpfel waschen, trocknen, schälen, Kerngehäuse ausschneiden, Fruchtfleisch achteln. **2 Sek./Stufe 5/mit MB** hacken, zum Sellerie geben und erneut mischen.
3. Walnüsse mit einem scharfen Messer grob hacken. Ananas und Walnüsse (bis auf 1 EL zum Bestreuen) zum Salat geben.
4. Mayonnaise, Joghurt, Pfeffer, Salz und Zucker **10 Sek./Stufe 4/mit MB** vermengen. Die Soße zum Salat geben, alles gut durchmischen. Abschmecken, nach Wunsch nachwürzen und 2 Stunden oder über Nacht im Kühlschrank abgedeckt ziehen lassen. Mit den restlichen Walnüssen bestreut servieren.

Quinoasalat

Zutaten für 4–6 Portionen

250 g Quinoa
2 Schalotten, geschält
4 EL Olivenöl
600 ml Gemüse- oder Hühnerbrühe
400 g Bio-Gurke
1 grüne Paprikaschote
1 rote Paprikaschote
2 Stängel Minze
1 Bund Basilikum
4 EL Zitronensaft
1 TL brauner Rohrzucker
½ TL Salz
1 Prise Cayennepfeffer
2 Prisen Pfeffer

Zubereitung

1. Quinoakörner in einem Sieb mit kaltem Wasser gründlich durchspülen.
2. Schalotten vierteln, in den Mixtopf geben und **5 Sek./Stufe 4/mit MB** hacken, spateln. 2 EL Öl dazugeben und **5 Min./100 °C/Stufe 1/ohne MB** rühren. Dann Quinoa dazugeben, **2 Min./100 °C/ohne MB** weiterrühren. Mit der Brühe aufgießen und **18 Min./100 °C/Stufe 1/mit MB** kochen. Evtl. etwas Flüssigkeit nachgeben. Umschütten und abkühlen lassen.
3. Gurke waschen, in 3 cm große Stücke schneiden und **4 Sek./Stufe 4/mit MB** häckseln, umfüllen. Paprika waschen, vierteln und **4 Sek./Stufe 4/mit MB** häckseln, zur Gurke geben.
4. Minze und Basilikum waschen und trocken schütteln, Blätter abzupfen. **4 Sek./Stufe 5/mit MB** hacken. Mit dem Olivenöl, dem Zitronensaft, Zucker, Salz, Cayennepfeffer und Pfeffer **10 Sek./Stufe 4/mit MB** vermengen.
5. Alles nun mit der abgekühlten Quinoa in einer großen Schüssel vermischen. Abschmecken, ggfs. nachsäuern und servieren.

Thousand-Island-Dressing

Zutaten für ca. 400 g

½ Bund Petersilie
100 g gelbe Paprikaschote, grob gewürfelt
1 hart gekochtes Ei, abgekühlt
150 g Naturjoghurt
150 g Mayonnaise
75 g Tomatenketchup
3 EL Weißweinessig
1 EL Honig
1 EL scharfer Senf
1 Spritzer Tabasco
1 TL Paprikapulver
1 TL Zitronensaft
Salz

Zubereitung

1. Petersilie waschen, trocken schütteln und die Blätter abzupfen. Mit den Paprikastücken im Mixtopf **10 Sek./Stufe 5/mit MB** hacken. Das Ei schälen und halbiert dazugeben, dann **5 Sek./Stufe 4/mit MB** rühren.
2. Jetzt werden alle anderen Zutaten dazugemischt und **15 Sek./Stufe 3/mit MB** gründlich verrührt. Abschmecken, nach Belieben noch etwas nachsäuern oder nachsalzen und kalt stellen. Am besten schmeckt das Dressing, wenn man ihm noch 1 Stunde Ruhezeit gönnt.

Schmeckt nicht nur als Dressing zu gemischtem und Blattsalaten, sondern auch als Dip zu Baked Potatoes. Wer möchte, gibt noch eine Gewürzgurke dazu (mit der Petersilie und der Paprika hacken).

Fruchtige Vinaigrette

Zutaten für ca. 500 ml (ca. 450 g)

1 Schalotte, geschält
1 Knoblauchzehe, geschält
50 ml Weißweinessig
100 ml Öl, kaltgepresst
200 ml Gemüsebrühe (alternativ 200 ml abgekochtes, heißes Wasser und 1 TL Brühpulver)
½ EL scharfer Senf
200 g Gelee (Orangen-, Zitronen-, Johannisbeergelee)
½ TL Pfeffer
1–2 TL Salz

Zubereitung

Schalotte in 4 Stücke schneiden. Mit dem Knoblauch **5 Sek./Stufe 5/mit MB** hacken, spateln. Alle restlichen Zutaten hinzufügen und **15 Sek./Stufe 5/mit MB** verrühren.

Fruchtig-süß, schmeckt zu den meisten Blattsalaten wie Eisberg, Kopfsalat, Romana, Pflücksalaten und auch zu gemischten Salaten.

Haltbares Joghurtdressing

Zutaten für ca. 700 ml

- 100 ml Balsamico (oder Rotweinessig)
- 40 g Waldhonig
- 10 g Gemüsebrühe
- 120 g Wasser
- 100 g Schmand
- 250 g Naturjoghurt
- 1 TL scharfer Senf
- 90 g Öl, kaltgepresst (Oliven-, Raps-, Sonnenblumenöl)
- 1 EL getrocknete Kräuter (Schnittlauch, Petersilie, Dill etc.)
- 1 TL Salz
- 1 Prise Pfeffer

Zubereitung

1. Balsamico, Honig, Gemüsebrühe und Wasser in den Mixtopf geben und **7 Min./120 °C/Stufe 1/ohne MB** (**7 Min./Varoma/Stufe 1/ohne MB**) kochen. 5 Minuten abkühlen lassen.
2. Die restlichen Zutaten dazugeben und **20 Sek./Stufe 4/mit MB** vermischen. Noch heiß in saubere Flaschen abfüllen. Im Kühlschrank lagern. Hält sich verschlossen etwa 2 Monate lang.

Am besten in portionsgerechte, kleinere Flaschen abfüllen (vorher mit kochendem Wasser ausspülen).

Rosmarin-Orangen-Dressing

Zutaten für ca. 400 ml

25 g Schalotte, geschält
1 Zweig Rosmarin
200 ml Orangensaft, frisch gepresst
1 TL abgeriebene Orangenschale
1 TL scharfer Senf
4 EL weißer Balsamico oder Sherryessig
100 ml Olivenöl
1 EL Walnussöl
1 Prise Vanillezucker
evtl. 1 EL Limoncello oder Orangenlikör
1 Eigelb, M
½ TL Salz
1 Prise Pfeffer

Zubereitung

1. Schalotte und die abgezupften Rosmarinnadeln in den Mixtopf geben und **5 Sek./Stufe 4/mit MB** hacken. Alle anderen Zutaten nun dazugeben und **1 Min./Stufe 4/mit MB** rühren.
2. Mit Salz und Pfeffer abschmecken, nach Belieben nachsäuern. Möglichst vor dem Verwenden noch 1 Stunde lang im Kühlschrank durchziehen lassen. Hält sich mehrere Tage.

Schmeckt zu gewöhnlichem Blattsalat, aber auch zu Chicorée, Spargelsalat oder Meeresfrüchten.

FEINES FÜR DEN GRILL

Türkische Hackfleischspieße (Adana Kebap)

Zutaten für 5 Spieße

100 g Zwiebel, geschält
2 Knoblauchzehen, geschält
½ TL Kreuzkümmel
15 Minzblätter
1 Ei, M
3 EL Semmelbrösel
1 TL Tomatenmark
1 geh. TL Pul Biber (s. Anmerkung)
1 Prise Muskatnuss, gerieben
½ TL Salz
1 Prise Pfeffer
500 g Rinderhack (oder Lammhack)

Metallspieße von ca. 20 cm Länge oder Holzspieße (vorher 1 Stunde lang wässern)

Variante:

Von der Hackfleischmischung etwa tischtennisballgroße Mengen abnehmen. Diese jeweils mit 1 Stück Fetakäse (4 x 4 cm) füllen. Fest verschließen und zu runden flachen Burgern formen. Anschließend grillen.

Zubereitung

1. Zwiebel vierteln, mit dem Knoblauch, dem Kreuzkümmel und den Minzblättern in den Mixtopf geben. **4 Sek./Stufe 5/mit MB** hacken, mit dem Spatel vom Rand hinunterschieben und nochmals **5 Sek./Stufe 5/mit MB** hacken.
2. Ei, Semmelbrösel, Tomatenmark, Pul Biber, Muskatnuss, Salz und Pfeffer sowie das Hackfleisch dazugeben und alles **1.30 Min./Teigstufe/mit MB** verkneten. Zu einer Kugel formen und in Klarsichtfolie wickeln. Im Kühlschrank 1 Stunde lang ruhen lassen (auf jeden Fall noch am gleichen Tag braten!).
3. Die Fleischmasse wird nun portionsweise um die Spieße herumgewickelt, dabei fest andrücken, damit das Fleisch gut haftet. Von allen Seiten gut knusprig braun grillen, bis sie durch sind.

Pul Biber ist eine Gewürzmischung aus der Türkei und besteht aus Paprika, Chili und Salz. Sie ist im Internet oder im türkischen Lebensmittelhandel erhältlich. Wer keine Spieße hat, formt aus der Masse einfach Frikadellen.

Bulgarische Hacksteaks

Zutaten für 4 Steaks

1 Knoblauchzehe, geschält
50 g Zwiebel, geschält
5 Zweige frische Petersilie
1 gestr. TL Kreuzkümmel
10 Pfefferkörner
½ TL abgeriebene Zitronenschale
1 gestr. TL Salz
250 g Hackfleisch vom Schwein
250 g Hackfleisch vom Kalb

Zubereitung

1. Knoblauch und Zwiebel (geviertelt) mit der grob geschnittenen Petersilie **10 Sek./Stufe 5/mit MB** rühren, spateln. Kreuzkümmel und Pfeffer dazugeben, dann wiederholen. Zitronenabrieb und Salz dazugeben, **10 Sek./Stufe 4** mischen.
2. Beide Fleischsorten dazugeben und alles **1 Min./Teigstufe/mit MB** vermengen. Nach Geschmack nachsalzen, die Fleischmasse sollte gut gewürzt sein. Etwa 30 Minuten lang im Kühlschrank ruhen lassen, dann zu 4 gleich großen Burgern formen und durchgrillen.

Original wird diese in Bulgarien sehr beliebte Fleischmasse in Wurstform mit knusprigem Brot und Tomatensalat serviert.

Cevapcici

Zutaten für 4 Portionen

150 g Zwiebeln, rot, geschält und geviertelt
2 Knoblauchzehen
400 g Rinderhack
200 g Schweinehack
1 Ei
1 EL Olivenöl
1 TL Backpulver
2 EL Semmelbrösel
1 ½ EL Paprikapulver
½ TL Majoran
½–1 TL Chilipulver
1 TL Kräutersalz
1 Prise Pfeffer
1 Prise Zucker

Zubereitung

1. Die Zwiebeln und den geschälten Knoblauch im Mixtopf **5 Sek./Stufe 5/mit MB** hacken. Rinder- und Schweinehack dazugeben sowie Ei, Olivenöl, Backpulver und Semmelbrösel.
2. **2 Min./Teigrührstufe/ohne MB** durchmischen, dabei durch die Deckelöffnung die Gewürze dazugeben. 2-3 EL Wasser unterrühren. Zu einer Kugel formen und abgedeckt 3-5 Stunden im Kühlschrank durchziehen lassen.
3. Nochmals mit den Händen kurz durchkneten, damit die Masse geschmeidig wird. Zu daumendicken Rollen von etwa 10 cm formen und von allen Seiten gleichmäßig grillen, bis sie durch sind.

Cevapcici serviert man gerne mit Ajvar (Paprikapaste).

Gefüllte Paprikaschoten

Zutaten für 4 Portionen (als Beilage)

4 rote Paprikaschoten
1 Zwiebel, geschält
200 g Cocktailtomaten
4 Lauchzwiebeln
2 Knoblauchzehen, geschält
2 TL Rosmarin
1 EL Vollkornhaferflocken
1 TL Kräutersalz
½ TL Pfeffer
2 EL Olivenöl
200 g Fetakäse, in Stücken, abgetropft

Varianten:

Statt Tomaten gelbe oder rote Paprikaschoten im Mixtopf hacken und dazugeben

Statt Fetakäse festen Frischkäse (Halbfettstufe) verwenden

Die Paprika kann man auch im Ofen backen: in der Alufolie auf ein Backblech setzen, bei 200 °C Ober-/Unterhitze ca. 45 Minuten lang backen, bis sie gar sind.

Zubereitung

1. Paprika waschen, der Länge nach aufschneiden. Die Kerne entfernen und die Zwischenwände herausschneiden. Zwiebel in vier Stücke schneiden. Tomaten waschen, Blütenansatz herausdrehen, halbieren. Lauchzwiebeln waschen, grünen Teil in dünne Ringe schneiden, weiße Stängelteile dritteln.
2. Knoblauch, Zwiebeln und die weißen Lauchzwiebelstücke im Mixtopf **5 Sek./Stufe 5/mit MB** hacken, spateln. Tomatenhälften dazugeben und nochmals **5 Sek./Stufe 5/mit MB** rühren.
3. Rosmarin, Haferflocken, Kräutersalz und Pfeffer sowie Olivenöl und Schafskäse hinzufügen, **8 Sek./Stufe 4/mit MB** vermischen, abschmecken, evtl. nachwürzen.
4. Die Füllung in die Paprikahälften geben, glatt streichen. Jede Hälfte einzeln in Alufolie wickeln, von oben verschließen. Am Rand des Grills platzieren und langsam gar grillen (ca. 40 Minuten). Die Haut der Paprika sollte nicht zu dunkel werden, das Fruchtfleisch jedoch weich sein.

Grillzucchini

Zutaten für 4 Portionen (als Beilage)

1 Rosmarinzweig
10 Pfefferkörner
1 TL Kräutersalz, grob
3 Knoblauchzehen, geschält
1 Prise Chilipulver (oder 1 getrocknete Chilischote ohne Samen)
6 EL Olivenöl
4–6 junge, kleine Zucchini
3-4 EL Crema di Balsamico (s. S. 44)

Zubereitung

1. Rosmarinnadeln vom Zweig abstreifen. Mit Pfeffer, Salz, Knoblauch und Chili **5 Sek./Stufe 5/mit MB** hacken, spateln und wiederholen. Öl dazugeben und **4 Sek./Stufe 4/mit MB** mischen.
2. Die Zucchini längs in Scheiben von etwa 0,5 cm Dicke schneiden. Mit der Marinade bestreichen und mindestens 15 Minuten lang ruhenlassen.
3. Auf dem leicht geölten Grill leicht braun grillen, sodass sie etwas Farbe haben aber nicht zu dunkel und schön weich sind (je nach Temperatur 5-10 Minuten). Anschließend mit Crema di Balsamico beträufelt servieren.

Gefüllte Baked Potatoes

Zutaten für 6 Portionen

6 große Kartoffeln, mehlig oder vorwiegend festkochend
1 Knoblauchzehe, geschält
1 rote Zwiebel, geschält
200 g Emmentaler, gerieben
200 g Schmand
125 g Räucherspeck in Würfeln
1 kleines Bund Petersilie
1 gestr. TL Salz
½ TL Pfeffer

Zubereitung

1. Kartoffeln waschen, mit einer Gabel von allen Seiten ein paarmal einstechen, auf ein mit Backpapier ausgelegtes Blech legen und im Backofen 60 Minuten lang bei 200 °C Umluft vorgaren. Herausnehmen, wenn sie weich, aber nicht matschig sind. Leicht abkühlen lassen, dann halbieren. Je etwa 1 EL davon herauskratzen, jedoch mindestens 1 cm Schicht stehen lassen.
2. Petersilie waschen und die Blätter abzupfen. Knoblauch und Zwiebel (geviertelt) mit dem Petersiliengrün sowie der herausgekratzten Kartoffelmasse **5 Sek./Stufe 5/mit MB** rühren, spateln. Emmentaler, Schmand, Speckwürfel, Salz und Pfeffer dazugeben und **20 Sek./Stufe 3** mischen. Die Kartoffeln damit füllen und einzeln in Alufolie wickeln. Auf dem Grill 15–20 Minuten indirekt oder am Rand backen. In der Alufolie servieren.

Reste der Füllung auf Brot streichen und grillen!

Gratinierte Pilzköpfe

Zutaten für 4 Portionen (als Beilage)

400 g braune Champignons
40 g Parmesanstücke
200 g Schlagsahne (bzw. 8 EL bei Zubereitung auf dem Grill)
30 g weiche Butter
30 g Semmelbrösel
1 Prise Pfeffer
½ TL Oregano, gerebelt
1 Prise abgeriebene Zitronenschale (ca. ¼ von 1 Zitrone)
1 TL Kräutersalz

Zubereitung

1. Champignons kurz abwaschen, Stiele herausdrehen.
2. Parmesan **15 Sek./Stufe 8/mit MB** fein mahlen. 8 EL von der Sahne und alle übrigen Zutaten hinzufügen. **20 Sek./Stufe 4** zu einer streichfähigen, leicht pastösen Masse vermischen. Die Champignons nun damit füllen, die Masse dabei gut andrücken.
3. Zubereitung auf dem Grill: einzeln in kleine Alu-Päckchen wickeln und ca. 20 Minuten lang am Rand bei nicht zu großer Hitze grillen.
4. Zubereitung im Backofen: Ofen auf 250 °C Ober-/Unterhitze vorheizen. Pilzköpfe nebeneinander mit der Öffnung nach oben in eine Auflaufform setzen. Die restliche Sahne zwischen die Pilze gießen und 15 Minuten backen. Dann Hitze reduzieren auf 180 °C und (je nach Größe der Pilze) 5–10 Minuten fertig garen.

Special Ribs Kambodschanische Art

Zutaten ausreichend für 1–1,5 kg Rippchen (Schwein)

- 25 g Knoblauch, geschält
- 2 EL Sesamöl
- 100 g Spareripsoße (Asialaden, alternativ Hoisin-Soße)
- 2 EL Austernsoße
- 1 EL Agavendicksaft (oder Honig)
- 1 EL fruchtige Marmelade, z. B. Orange, Johannisbeer, Quitte oder Mango
- 1 geh. TL Salz
- 1 Prise Pfeffer
- Spareribs vom Schwein oder Kalb bzw. Geflügel

Wer wenig Zeit zum Marinieren hat, schneidet die Rippchen mehrmals quer zum Knochen etwa 3mm tief ein, dann ziehen die Gewürze schneller ein und man kann die Rippchen bereits nach 1-2 Stunden auf den Grill packen oder im Backofen grillen.

Zubereitung

1. Knoblauch in den Mixtopf geben und **4 Sek./Stufe 5/mit MB** grob hacken, spateln. Noch einmal **5 Sek./Stufe 5/mit MB** rühren.
2. Alle anderen Zutaten in den Mixtopf wiegen bzw. messen. **20 Sek./Stufe 7/mit MB** mischen.
3. Rippchen mit kaltem Wasser abspülen. Fleisch dann in einzelne Rippen aufschneiden. Anschließend gründlich mit der Marinade von allen Seiten einpinseln und über Nacht im Kühlschrank ruhen lassen. Danach am besten indirekt oder bei niedriger Hitze langsam durchbraten, die letzten 5 Minuten noch einmal direkt über die glühenden Kohlen legen, damit sie knuspriger werden (zu dunkel gegrillte Stellen schmecken leicht bitter!).

Auch Geflügel schmeckt mit dieser Marinade saulecker!

JETZT WIRD'S ERNST: EINLEGEN UND MARINIEREN

Red-BBQ-Marinade

Zutaten ausreichend für ca. 8 Steaks

1 Zwiebel (50 g)
2 Knoblauchzehen
7 EL Olivenöl
1 EL Weißweinessig
1 EL Agavendicksaft (oder Blütenhonig)
1 EL Tomatenmark
2 EL Paprikapulver
1 EL Currypulver
1½ TL Salz
½ TL Pfeffer, gemahlen
Grillfleisch

Varianten:

½ TL Kreuzkümmel oder Kümmel dazugeben und mit den Zwiebeln und dem Knoblauch mahlen
Knoblauch durch 5 g geschälten Ingwer ersetzen

Zubereitung

1. Zwiebel und Knoblauch schälen, Zwiebel vierteln und alles in den Mixtopf geben. **5 Sek./Stufe 5/mit MB** hacken, mit dem Schieber vom Rand hinunterschieben.
2. Olivenöl, Essig, Agavendicksaft und Tomatenmark abmessen bzw. abwiegen und hinzugeben. Gewürze hinzugeben. Alles **20 Sek./Stufe 5/mit MB** fein-cremig rühren. Evtl. nochmal am Rand hinunterschieben und noch einmal 15 Sekunden lang mixen.
3. Fleischscheiben waschen, trocken tupfen und von allen Seiten mit der Marinade einpinseln. Übereinander in eine Schüssel schichten und abgedeckt im Kühlschrank mindestens 2 Stunden lang marinieren lassen. Anschließend knusprig braun grillen.

Passt besonders gut zu Schweinefleisch wie Nackensteak, Schweinebauch, Kamm, aber auch Filet (in der Alufolie garen). Übrig gebliebene Reste der Marinade eignen sich gut zum Einfrieren!

Charlys Favorite

Zutaten ausreichend für 1 kg Fleisch

- 1 gestrichener EL Hot Lemon Rub (siehe S. 84)
- 1 EL Paprikapulver, mild oder rosenscharf
- 1 EL Sesamöl
- 3 EL Wasser

Zubereitung

1. Hot Lemon Rub, Paprikapulver, Sesamöl und Wasser in den Mixtopf abmessen. **10 Sek./Stufe 3/mit MB** vermischen.
2. Gewaschene Hähnchenteile oder andere Fleischstücke gleichmäßig mit der Marinade einstreichen und in einer Schüssel im Kühlschrank mindestens 2 Stunden lang ziehen lassen. Überschüssige Marinade ggfs. abtupfen und das Fleisch auf den Grill legen.

Besonders Hähnchen ist mit dieser schnell gerührten Marinade einfach ein Genuss!

Gewürzbiersud

Zutaten ausreichend für 1 kg Fleisch

6 Gewürznelken
1 TL Koriandersamen, ganz
20 Pfefferkörner
2 TL Rosmarin, getrocknet
1 TL Kümmel
5 EL Worcestersauce
2 EL brauner Zucker
2 EL Vanillezucker
1 TL Salz
½ TL Cayennepfeffer
3 Knoblauchzehen, geschält
0,5 l Dunkelbier

Zubereitung

1. Die trockenen Gewürze in den Mixtopf abmessen. **20 Sek./Stufe 5/ mit MB** grob hacken, danach nochmals **20 Sek./Stufe 10/mit MB** mahlen. Zu dem so gewonnenen Gewürzpulver nun die Worcestersauce, Zucker, Vanillezucker, Salz, Cayennepfeffer und Knoblauch geben. **10 Sek./ Stufe 5/mit MB** rühren, dann das Bier hinzugeben und **16 Min./120 °C/ Stufe 1/mit MB** (**16 Min./Varoma/ Stufe 1/mit MB**) köcheln lassen.
2. Ausschalten und mit den Gewürzen in eine Schüssel umfüllen. Lauwarm abkühlen lassen. Das gewaschene, evtl. in Stücke geschnittene Fleisch nun 12–24 Stunden lang darin einlegen (abgedeckt, im Kühlschrank). Aus dem Sud nehmen, grillen und servieren.

Zitronen-Knoblauch-Marinade

Zutaten ausreichend für 4–6 Steaks

4 Knoblauchzehen
6 EL Olivenöl
100 ml Zitronen- oder Limettensaft
1 TL scharfer Senf
¼ TL Fenchelsamen, gemahlen
¼ TL Kreuzkümmel, gemahlen
1 TL Rauchsalz
1 Prise Chilipulver
2 EL Zucker

Zubereitung

1. Knoblauchzehen schälen, halbieren und in den Mixtopf geben. Alle Zutaten dazugeben, alles **30 Sek./Stufe 6/mit MB** mixen, dann erhält man eine leicht sämige Soße.
2. Fleisch waschen, trocken tupfen und gründlich mit der Marinade einstreichen. In einer Schüssel im Kühlschrank 1 Stunde lang vor dem Grillen ruhen lassen.

Lecker zu Rind und Lamm! Tipp: Zwiebeln in Ringe aufschneiden, mit etwas Marinade beträufelt etwa 6–10 Minuten (je nach Hitze) grillen. Auf dem fertig gegrillten Fleisch servieren – lecker!

Jamaican Jerk-Marinade

Zutaten ausreichend für ca. 1,5 kg Fleisch (Geflügel oder Schwein)

80 g Lauchzwiebeln
2 Knoblauchzehen
10 g Ingwer, geschält
2 Chilischoten
1 Bio-Zitrone
1 Bio-Orange
10 Pfefferkörner
2 TL grobes Salz
1 TL Thymian (Blättchen)
1 TL brauner Rohrzucker
1 TL Zimt, gemahlen
1 Prise Muskatnuss
2 EL Tomatenmark
2 EL Sonnenblumenöl

Zubereitung

1. Lauchzwiebel putzen, waschen und die hellen Teile in Stücke schneiden. Knoblauch vierteln, Ingwer grob zerteilen. Chilischoten längs aufschneiden, Ansätze und Kerne entfernen. Zitrone und Orange heiß abspülen, trocknen. Jeweils ½ TL der Schale mit einer feinen Reibe abnehmen, die Früchte dann auspressen.
2. Pfefferkörner, Salz, Ingwer, Knoblauch und Thymian in den Mixtopf geben und **5 Sek./Stufe 5/mit MB** hacken. Lauchzwiebeln, Chilischoten, Zucker, Zimt und Muskatnuss hinzugeben und das Ganze wiederholen. Dann die restlichen Zutaten dazuschütten und **30 Sek./Stufe 4/mit MB** fein mixen. Das Fleisch waschen, in Stücke schneiden und parieren. In eine Schüssel geben, die Marinade dazugießen und 4 Stunden oder über Nacht abgedeckt in den Kühlschrank stellen. 1 Stunde vor dem Grillen herausnehmen und Zimmertemperatur annehmen lassen. Das abgetropfte Fleisch dann nach Wunsch grillen.

Deftige Rinder-Marinade

Zutaten ausreichend für 1 kg Fleisch am Stück oder geschnitten

- 2 Knoblauchzehen, geschält
- 2 Chilischoten, getrocknet
- ½ TL Pfefferkörner
- 2 Lorbeerblätter
- 2 TL Paprikapulver
- 1 TL Thymian, getrocknet
- ½ TL Kreuzkümmel
- 2 EL Olivenöl
- 2 TL grobes Meersalz
- 2 TL Rohrzucker
- 2 EL Whisky (oder Wasser)

Zubereitung

1. Knoblauchzehen halbieren und in den Mixtopf geben, außerdem die Chilischoten, Pfefferkörner, in Stücke gebrochene Lorbeerblätter, Paprika, Thymian und Kreuzkümmelsamen. Alles **30 Sek./Stufe 6/mit MB** mahlen. Olivenöl, Salz, Zucker und Whisky (oder Wasser) hineingeben und alles **10 Sek./Stufe 3/mit MB** mischen.
2. Fleisch waschen, trocken tupfen und gründlich von allen Seiten mit der Marinade einstreichen. In einer Schüssel im Kühlschrank mindestens 6 Stunden, besser noch über Nacht ruhen lassen. Vor dem Grillen die Marinade mit einem Küchenpapier etwas abtupfen.

Große Fleischstücke indirekt grillen. Als Beilage schmecken z. B. gegrillte Romanaherzen mit Crema di Balsamico (S. 44) beträufelt.

Leckere Hähnchen-Marinade

Zutaten ausreichend für ca. 1,2 kg Geflügelteile

- 2 Knoblauchzehen
- 60 g Zwiebel
- 1 TL Paprika
- 1 TL Balsamico
- 10 EL Olivenöl
- 1 TL Oregano, getrocknet
- ¼ TL Kreuzkümmel
- ½ TL Chilipulver
- 2 TL Zucker
- 1 gestr. TL Salz
- 2 Prisen Pfeffer

Zubereitung

1. Knoblauch und Zwiebel schälen. Zwiebel vierteln, mit dem Knoblauch **5 Sek./Stufe 5/mit MB** hacken, spateln. Restliche Zutaten bis auf das Öl hinzugeben und **20 Sek./Stufe 5/mit MB** mischen. Während der letzten 5 Sekunden dabei das Öl durch die leicht angehobene Deckelöffnung laufen lassen.

2. Das Fleisch waschen, portionieren und parieren. Jedes Teil mit dem Messer mehrmals einschneiden, Keulen evtl. bis auf den Knochen einschneiden und das Fleisch leicht auseinanderziehen, so werden sie schneller gar. Dann rundherum mit der Marinade einpinseln. 2 Stunden lang abgedeckt kühl stellen. Anschließend knusprig grillen oder im Backofen garen.

Scharfe Asia-Marinade

Zutaten ausreichend für ca. 1 kg Mariniergut

4 Knoblauchzehen, geschält
10 g Ingwer, geschält und grob geschnitten
2 Chilischoten, geputzt und entkernt
1 EL Korianderblätter
½ TL Kräutersalz
3 EL Sojasoße
1 TL Rohrohrzucker
2 EL Zitronensaft
abgeriebene Schale einer kleinen Bio-Zitrone
6 EL Olivenöl
2 EL Sesamöl

Varianten:

2 EL Tomatenmark einrühren
Statt Koriandergrün Petersilie oder Minzblätter verwenden

Zubereitung

1. Knoblauch, Ingwer, Chilischoten und Korianderblätter **5 Sek./Stufe 6/mit MB** hacken, spateln.
2. Kräutersalz, Sojasoße, Zucker, Zitronensaft und Schalenabrieb hinzufügen und **20 Sek./Stufe 4/mit MB** mixen. Oliven- und das Sesamöl dazugeben und alles **15 Sek./Stufe 4/mit MB** mischen.
3. Fleisch bzw. Meeresfrüchte waschen, trocken tupfen und mit der Marinade in einer Schüssel vermengen. Abgedeckt im Kühlschrank 2–3 Stunden lang ruhen lassen. Vor dem Grillen abtropfen lassen.

Besonders geeignet für Meeresfrüchte, Tofu, Schweine- oder Rindfleisch.

ABER BITTE MIT SOSSE

Grüne Avocado-Mojo (Kanaren)

Zutaten für 4–6 Portionen

2 grüne Paprikaschoten
1 gelbe Paprikaschote
2 Knoblauchzehen
15 g Petersilie, grob geschnitten
9 EL Olivenöl
abgeriebene Schale und Saft einer Bio-Zitrone
30 g grüne Chilischoten (geputzt, entkernt)
2 reife Avocados
2 TL grobes Kräutersalz
1 EL Agavendicksaft oder Honig
1 Prise Pfeffer

Zubereitung

1. Paprika waschen, putzen und halbieren. 20 Minuten mit der Schale nach oben in den Backofen und auf Backpapier geben (Ober-/Unterhitze, 180 °C), dann die Haut abziehen.
2. Knoblauch schälen, vierteln und mit der grob gehackten Petersilie, dem Olivenöl, dem Zitronensaft und der -schale in den Mixtopf geben. Die Chilischoten waschen, entkernen, in Stücke schneiden und dazugeben. Alles **15 Sek./Stufe 5/mit MB** hacken, spateln.
3. Avocados aufschneiden, Kern herausnehmen und das Fruchtfleisch mit einem Löffel ausschaben. Mit dem Salz und dem Paprikafleisch in den Mixtopf geben. **30 Sek./Stufe 6/mit MB** cremig pürieren. Agavendicksaft einrühren, mit Salz und Pfeffer abschmecken. In ein Glas abfüllen oder in Schälchen verteilen. Noch 1 Stunde lang kühl stellen, die Schärfe zieht dabei nach.

Cocktailsoße

Zutaten für 300 g

- 2 Eigelb, M
- 1 EL mittelscharfer Senf
- 1 TLSalz
- 1 Prise schwarzer Pfeffer aus der Mühle
- 8 Tropfen Worcestersauce
- 8 Tropfen Tabasco
- 150 ml Raps- oder Sonnenblumenöl
- 4 EL Tomatenketchup
- 2 EL Joghurt, 10 %
- 1 TL Weinbrand oder Sherry

Zubereitung

1. Rühraufsatz aufstecken. Eigelb, Senf, Salz, Pfeffer, Worcestersauce und Tabasco in den Mixtopf abmessen. Dabei das Öl durch die Deckelöffnung laufen lassen, bis eine dicke Creme entsteht. **1 Min./Stufe 3/mit MB** emulgieren.
2. Ketchup, Joghurt und Weinbrand dazugeben. **10 Sek./Stufe 3,5** mischen. Mit Salz und Pfeffer nach Geschmack würzen.

Rauchige Whiskysoße

Zutaten für ca. 100 g

- 3 TL Rosinen (ungeschwefelt)
- 50 g Whisky
- 100 g süße Zwiebeln, geschält und geviertelt
- 2 Knoblauchzehen
- 100 ml Wasser (für das Zwiebelpüree)
- 1 getrocknete Chilischote, entkernt
- 70 g Ananas, gewürfelt
- 50 g Tomatenmark
- 30 ml Rotweinessig
- 10 Tropfen Tabasco Chipotle
- 75 ml Wasser
- 1-1 ½ TL Rauchsalz

Zubereitung

1. Rosinen in ein Schraubglas füllen und mit dem Whisky auffüllen. 1-3 Tage lang ziehen lassen.
2. Zwiebeln und Knoblauch mit 100 ml Wasser in den Mixtopf geben und **10 Sek./Stufe 5/mit MB** pürieren, spateln. Chili hinzugeben und **8 Min./120°C/Stufe 1/mit MB** (**8 Min./Varoma/Stufe 1/mit MB**) rühren.
3. Ananasstücke und Tomatenmark hineingeben sowie den Rotweinessig und die eingeweichten Rosinen samt Whisky. **5 Min./120 °C/Stufe 1/mit MB** (**5 Min./Varoma/Stufe 1/mit MB**) rühren. Tabasco durch die Deckelöffnung hineinträufeln, sowie 75 ml Wasser und 1 TL Rauchsalz dazugeben. **45 Sek./Stufe 7/mit MB** pürieren. Abschmecken, nach Belieben noch Rauchsalz hinzugeben. Durchrühren und heiß in eine Schraubflasche abfüllen.

Schmeckt auch zu herkömmlich gebratenem Fleisch (oder vom Elektrogrill mit weniger Raucharoma) sowie zu kalten, gegarten Braten. Hält sich etwa 2-3 Wochen im Kühlschrank.

Currysoße mit Mango

Zutaten für ca. 300 ml

- 70 g Schalotten, geschält
- 1 EL Rapsöl
- 50 ml Wasser
- 80 g Tomatenmark
- 200 g Mango, in Stücken
- 2 EL scharfer Senf
- 1 EL Currypulver
- 2 TL Waldhonig
- 1 EL Apfelessig
- 75 ml Kaffeesahne, 10 %
- Salz
- Pfeffer

Zubereitung

1. Schalotten vierteln und in den Mixtopf geben. **5 Sek./Stufe 5/mit MB** hacken, spateln. Rapsöl, Wasser und Tomatenmark dazugeben und alles **5 Min./100 °C/Stufe 1/ohne MB** kochen.
2. Mango, Senf, Curry, Honig, Apfelessig und Sahne dazugeben und **20 Sek./Stufe 4,5/mit MB** pürieren. Dann **5 Min./100°C/Stufe 2/mit MB** kochen. Mit Salz und Pfeffer abschmecken. Verschlossen im Kühlschrank aufbewahren, innerhalb von 1 Woche aufbrauchen.

Passt zu Fleisch vom Grill und aus dem Fonduetopf und zu Meeresfrüchten. Soll die Soße dickflüssiger sein, rührt man 1 TL Speisestärke mit etwas kaltem Wasser glatt und gibt dies 1 Minute vor dem Ende des Kochvorgangs dazu.

Kräuter-Eiercreme

Zutaten für ca. 300 g

2 EL frische Kräuter (Petersilie, Dill, Kerbel nach Belieben)
3 hart gekochte, abgekühlte Eier
120 g Mayonnaise (Rezept s. S. 50)
1 TL Tomatenmark
1 TL scharfer Senf, z. B. Dijon
75 g Sahnejoghurt
Salz
Pfeffer

Zubereitung

1. Die Kräuter waschen und trocken schütteln. In den Thermomix® geben und **10 Sek./Stufe 5/mit MB** fein hacken, spateln. Eier schälen, vierteln und zufügen. Mayonnaise, Tomatenmark, Senf und Joghurt dazugeben. Alles **5 Sek./Stufe 3/mit MB** mischen, sodass die Soße zwar sämig, aber die Eier noch deutlich stückig sind.
2. Die Soße nun mit Salz und Pfeffer abschmecken und in eine Schüssel umfüllen. Im Kühlschrank lagern, bis sie verwendet wird. Hält sich dort abgedeckt 3 Tage lang.

Schmeckt nicht nur zu gegrilltem Fleisch und Gemüse sehr lecker, sondern ist auch perfekt zum Fondue!

Tsatsiki

Zutaten für ca. 500 g

½ Salatgurke
½ TL Salz
400 g Joghurt, 10 % Fett (soll möglichst fest sein, aus Kuh- oder Schafmilch)
3 Knoblauchzehen
2 EL Olivenöl
1 EL Zitronensaft
¼ TL Zitronenschalenabrieb
1 Zweig Minze oder Dill
Pfeffer

Zubereitung

1. Gurke schälen, entkernen und in 5 cm große Stücke schneiden. **10 Sek./ Stufe 4/mit MB** hacken. Salz einrühren, in ein feines Küchensieb umschütten. 30 Minuten lang abtropfen lassen, restliches Wasser leicht ausdrücken. Wenn man das Tsatsiki nicht gründlich entwässert, wird es zu flüssig.
2. Evtl. vorhandene Flüssigkeit vom Joghurt abschütten. Knoblauch schälen, vierteln, **5 Sek./ Stufe 5/mit MB** hacken.
3. Joghurt, Olivenöl, Zitronensaft und Schalenabrieb sowie die Gurke dazugeben und **10 Sek./Stufe 3/ohne MB** mischen. Mit Pfeffer und Salz abschmecken. Soße mit der gewaschenen Minze oder Dill gekühlt servieren.

Foto siehe rechte Seite

Honigsoße

Zutaten für ca. 300 ml

150 g rote Paprikaschote, in Stücken
2 Knoblauchzehen, geschält
2 rote Peperoni, grob zerkleinert
5 g Ingwer, geschält und grob geschnitten
1 Chilischote, grob zerkleinert und ohne Samen
200 g Honig
100 ml Apfelessig
2 EL Sesamöl
1 gestr. TL Meersalz
3 EL Sojasoße

Zubereitung

1. Paprika, Knoblauch, Peperoni, Ingwer und Chilischoten im Mixtopf **10 Sek./ Stufe 5/mit MB** zerkleinern, spateln.
2. Honig, Essig, Sesamöl, Salz und Sojasoße dazugeben und alles **12 Min./100 °C/ Stufe 1/ohne MB** kochen (die Soße soll sämig sein, nach dem Abkühlen dann etwas zähflüssig). Nun **5 Sek./Stufe 5/mit MB** mixen, evtl. nachsalzen. Verschlossen im Kühlschrank aufbewahren, innerhalb von etwa 4 Wochen aufbrauchen.

Passt zu Fisch, Fleisch, Gemüse und Kartoffeln. Eignet sich besonders zum Nachwürzen.

Crema di Balsamico

Zutaten für ca. 200 ml

75 g brauner Rohrzucker
150 g Balsamicoessig, dunkel
50 ml Rotweinessig

Achtung: Sofort den Mixtopf spülen!

Käufliche Crema ist meist mit Stärke und Emulgatoren versetzt. Meine Crema kann beliebig mit Gewürzen wie Zimt, Nelken oder Zitronen- bzw. Orangenschale eingekocht und vor dem Abfüllen durchgesiebt werden. Hält sich viele Monate.

Zubereitung

1. Zucker mit 1 TL Wasser **2 Min./120 °C/Stufe 2/ohne MB** (**2 Min./Varoma/Stufe 2/ohne MB**) rühren.
2. Balsamico mit Rotweinessig in einem Gefäß mischen. Mixtopf **8 Min./120 °C/Stufe 1/ohne MB** (**8 Min./Varoma/Stufe 1/ohne MB**) rühren lassen. Dabei alle 30 Sekunden 2 EL von der Essigmischung durch die Deckelöffnung dazugeben, bis alles aufgebraucht ist.
3. Weitere **8 Min./120 °C/Stufe 1/ohne MB (8 Min./Varoma/Stufe 1/ohne MB)** köcheln lassen. Die Crema dickt nach dem Abkühlen noch etwas nach! In ein Fläschchen abfüllen. Kühl lagern. Hält sich mehrere Monate.

Eher süß, etwas fruchtig und weniger säuerlich. Nicht nur für Salat gut zu nutzen, sondern auch lecker als »I-Tüpfelchen« auf gegrilltem Gemüse und Fleisch.

Fruchtige Grillsoße

Zutaten für 500 g

Saft und abgeriebene Schale von 2 Bio-Zitronen
120 g Apfel in Stücken
160 g Zucker
120 g Cocktailtomaten, geschält und in Stücken
120 g Tomatenmark
2 EL scharfer Senf
½ TL frisch gemahlener Pfeffer
1 TL Rauchsalz

Zubereitung

1. Zitronensaft, Schale, Apfelstücke und Zucker im Thermomix® **10 Min./120 °C/ Stufe 1/mit MB** (**10 Min./Varoma/ Stufe 1/mit MB**) rühren. Durch ein Sieb filtern und beiseitestellen.
2. Tomaten und Tomatenmark mit dem Senf in den Mixtopf füllen und **10 Sek./Stufe 6** mixen. Das Ganze nun **15 Min./120 °C/Stufe 1/mit MB** (**15 Min./Varoma/Stufe 1/mit MB**) rühren. Abgekühlten Zitronensirup untermischen und alles **10 Sek./Stufe 5/mit MB** pürieren. Pfeffer dazugeben, mit Rauchsalz abschmecken. In Schraubgläser einfüllen und verschließen. Im Kühlschrank aufbewahren, innerhalb von 4 Wochen verbrauchen.

Passt zu Fleisch vom Grill und aus dem Fonduetopf sowie zu kalten, gegarten Braten. Wer die Soße noch sämiger mag, rührt 1 TL Speisestärke mit etwas kaltem Wasser glatt und gibt dies 1 Minute vor dem Ende des Kochvorgangs dazu.

Feines Knoblauchöl

Zutaten für 2 mittelgroße Gläser

500 g Knoblauch, ungeschält, aber an beiden Seiten Ansatz abgeschnitten
350 g Sonnenblumenöl
1 TL Salz

Bitte kein Olivenöl verwenden, das würde bitter! Der Knoblauch darf nicht zu klein sein zum Schälen im Mixtopf, besser größere Zehen verwenden. Das Knoblauchöl hält sich kühl gelagert sehr lange. Ein Genuss auf geröstetem Brot, zu Fleisch, Fisch und Grillgemüse!

Zubereitung

1. Rühraufsatz aufstecken. Knoblauch im Mixtopf **3 Min./Stufe 3/Linkslauf** rühren, bei Bedarf spateln und nochmals **2 Min./Stufe 3/Linkslauf** rühren. So lösen sich die meisten Schalen ab. Zehen aus dem Mixtopf sortieren, Schalen entfernen. Rühraufsatz entfernen, Mixtopf ausspülen und trocknen.
2. Geschälte Zehen wieder in den Mixtopf füllen, **10 Sek./Stufe 4/mit MB** hacken, spateln und wiederholen.
3. Öl und Salz hinzugeben und alles **30 Min./70 °C/Sanftrührstufe/ohne MB** kochen. Heiß abfüllen. Bei Entnahme wieder mit so viel Öl auffüllen, dass der Knoblauch bedeckt ist.

Erdnuss-Soße

Zutaten für ca. 250 ml

1 Stängel Zitronengras
3 Knoblauchzehen, geschält
10 g Ingwer, geschält
2 EL Öl
1 TL Currypulver
1–1 ½ Chilischoten, getrocknet, entkernt
200 ml Kokosmilch
150 g Erdnussbutter
2 TL brauner Rohrzucker (oder gemahlener Palmzucker)
1 TL Koriander, gemahlen
50 ml Wasser
3 EL Sojasoße (oder Fischsoße)
2 EL Limettensaft
Salz
Pfeffer

Sehr lecker zu Geflügel- und Rindfleischspießen, aber auch zu gegrillten Scampi. Passt gut zu asiatischen Gerichten.

Zubereitung

1. Die Endstücke vom Zitronengras abschneiden, dann der Länge nach mit einem Fleischhacker anquetschen. In Stücke schneiden. Mit Knoblauch und Ingwer in den Mixtopf geben, **5 Sek./Stufe 5/mit MB** hacken, spateln und wiederholen.

2. Öl, Currypulver und Chilischoten hinzugeben und **5 Min./120 °C/Stufe 1/ohne MB** (**5 Min./Varoma/Stufe 1/ohne MB**) rühren. Kokosmilch, Erdnussbutter, Zucker, Koriander, Wasser und Sojasoße durch die Deckelöffnung zugießen; **8 Min./100 °C/Stufe 1/mit MB** rühren.

3. Limettensaft durch die Deckelöffnung zugießen und alles **15 Sek./Stufe 4/mit MB** rühren. Mit Salz und Pfeffer abschmecken. Soll die Soße dünnflüssiger sein (hängt auch von der Konsistenz der verwendeten Kokosmilch ab), noch 1–3 EL Wasser einrühren. Evtl. durch ein Sieb passieren. Warm oder kalt verwenden, bald verbrauchen.

Chimichurri-Soße

Zutaten für ca. 200 ml

- 7–8 Knoblauchzehen, geschält
- 1 EL Rosmarin, frisch
- 1 TL Thymianblätter, frisch
- 1 Lorbeerblatt, zerrebelt
- 1 kleiner Bund Petersilie, gewaschen und grob geschnitten ohne die dicken Stielenden
- 2 rote Chilischoten, frisch
- 75 g Olivenöl
- 1 Prise Pfeffer
- 4 EL Rotweinessig
- 1 gestr. TL Meersalz
- nach Belieben etwas Tabasco

Varianten:

Rote Chimichurri: 2 EL Tomatenmark einrühren und statt der Petersilie 100 g rote Paprikaschote verwenden

Koriander-Chimchurri: Statt Petersilie Koriandergrün verwenden; evtl. auch einen Teil Knoblauch durch Ingwer ersetzen

Minz-Chimichurri: Statt Petersilie frische Minzblätter verwenden

Chimichurri ist eine bekannte Steaksoße in Argentinien, eine nationale Spezialität, sehr reich an Knoblauch und scharf.

Zubereitung

1. Knoblauch, Rosmarin, Thymian, Lorbeerblatt und grob zerteilte Petersilie in den Mixtopf füllen. **5 Sek./Stufe 5/mit MB** hacken, spateln und wiederholen.
2. Chilis längs aufschneiden, Kerne und Stielansatz entfernen. Mit dem Olivenöl, Pfeffer und Essig dazugeben und **20 Sek./Stufe 5** rühren. Mit Salz abschmecken, nach Belieben noch etwas Tabasco einrühren. Möglichst noch 1–2 Stunden lang durchziehen lassen. Reste verschlossen im Kühlschrank aufbewahren, innerhalb von 3 Tagen aufbrauchen.

Go to Hell! Würzöl

Zutaten ausreichend für ca. 200 g Soße (bzw. 4 große Steaks)

10 frische Chilischoten (evtl. Jalapeños)
10 Knoblauchzehen, geschält
1 Bund Koriandergrün
½ Bund Petersilie
200 ml Olivenöl
½ TL Meersalz

Zubereitung

1. Chilis waschen, Stielansatz abschneiden, Schoten in Scheiben schneiden (mit Handschuhen arbeiten!). Mit dem Knoblauch in den Mixtopf geben und **5 Sek./Stufe 5/mit MB** hacken, spateln.
2. Koriander und Petersilie waschen, trocken schütteln und die dickeren Stiele abschneiden. Mehrmals durchschneiden und ebenfalls in den Mixtopf geben. Alles dann **5 Sek./Stufe 5/mit MB** grob hacken, spateln.
3. Olivenöl hinzugießen und **12 Min./100 °C/Stufe 2/ohne MB** rühren. Salz dazugeben und sofort heiß verwenden.

Würzessigsoße

Zutaten für ca.200 ml

10 Pfefferkörner
5 Gewürznelken
200 ml Weißweinessig
100 ml Wasser (wer mag, kann stattdessen auch Bier verwenden)
2 EL brauner Rohrzucker
2 TL Meersalz
1 TL Paprikapulver, rosenscharf (oder 1 Chilischote, getrocknet und zerbröselt)

Zubereitung

1. Pfefferkörner und Nelken im Mixtopf **10 Sek./Stufe 6/mit MB** zerkleinern. Mit einem Küchenpinsel hinunterschieben. Alle restlichen Zutaten hinzugeben und **5 Min./120 °C/Stufe 1/ohne MB** (**5 Min./Varoma/Stufe 1/ohne MB**) rühren.
2. Gewürze im Sud 10 Minuten lang ziehen lassen, dann durch ein feines Sieb in eine Schraubflasche abfüllen. Hält sich im Kühlschrank bis zu 3 Monate.

Zu gegrilltem Fleisch servieren oder zum Marinieren (2 Stunden) von eher zähem Fleisch, da die Säure als Zartmacher wirkt.

Mayonnaise

Zutaten für ca. 200 ml

1 EL Zitronensaft oder Weißweinessig
2 Eigelb, M
1 gestr. TL mittelscharfer Senf
¼ TL Salz
160 g Raps- oder Sonnenblumenöl
80 g Olivenöl

Varianten:

Spanische Aioli: 10 Knoblauchzehen **10 Sek./Stufe 5/mit MB** hacken, dann wie oben arbeiten, zusätzlich mit Cayennepfeffer würzen

Kräuter-Mayonnaise: frische, gewaschene Kräuter (z. B. Petersilie, Dill oder Korianderblätter) **5 Sek./Stufe 5/mit MB** hacken, spateln. Dann erst die anderen Zutaten dazugeben und weiterrühren wie oben. Alternativ dazu 1 EL getrocknete Salatkräutermischung verwenden

Asiatische Mayonnaise: 200 g Sonnenblumenöl und 40 g geröstetes Sesamöl verwenden und 1 TL geriebenen, frischen Ingwer mit einrühren. Statt Salz kann man auch ca. 2 TL helle Sojasoße verwenden, das gibt jedoch der Mayonnaise einen dunkleren Farbton.

Zubereitung

1. Zitronensaft (bzw. Essig), Eigelb, Senf und Salz in den Mixtopf geben. Schließen und den Messbecher aufsetzen.
2. Das Öl abmessen und nun bei laufendem TM das Öl sehr langsam durch leichtes Anheben des Messbechers hineinlaufen lassen (ca. **1-2 Min./Stufe 3,5-4/mit MB**). Vor dem Verwenden kühl stellen, innerhalb von 2 Tagen aufbrauchen.

Soll die Mayonnaise fester werden – z. B. für eine Weiterverarbeitung -, dann nur insgesamt 200 g Öl verarbeiten!

Chilisoße süß-sauer

Zutaten für ca. 250 ml

100 g frische rote Chilischoten
2 Schalotten, geschält
2 Knoblauchzehen, geschält und halbiert
20 g Ingwer, geschält und in Scheiben
150 ml Reisessig
180 g Zucker
1 TL Meersalz
2 EL Honig (oder Agavendicksaft)
150 ml Apfelsaft
2 EL Limettensaft
1 TL Stärke (oder Guarkernmehl)
100 ml Wasser

Zubereitung

1. Chilischoten putzen und bis auf 2 Stück alle anderen grob schneiden, die Kerne dabei nicht entfernen! 2 Chilischoten mit einem scharfen Messer in sehr feine Streifen aufschneiden und beiseitestellen.
2. Schalotten vierteln und mit dem halbierten Knoblauch, dem Ingwer und den grob geschnittenen Chilis in den Mixtopf geben. **10 Sek./Stufe 5/mit MB** hacken, spateln. Die restlichen Chilistreifen, Essig, Zucker, Salz, Honig, Apfel- und Limettensaft dazugeben und **10 Min./120 °C/Stufe 1/ohne MB** (**10 Min./Varoma/Stufe 1/ohne MB**) rühren.
3. Stärke mit dem Wasser anrühren und in die heiße Soße geben. Nochmals **1 Min./120 °C/Stufe 2/mit MB (1 Min./Varoma/Stufe 2/mit MB)** kochen lassen, dann **10 Sek./Stufe 5/mit MB** pürieren. Nach Belieben abschmecken, evtl. mit Salz oder Limettensaft nachwürzen. Heiß in Fläschchen abfüllen und verschließen. Im Kühlschrank lagern, hält sich gut 3 Monate lang.

Die Chilisorte bestimmt die endgültige Schärfe der Soße. Gelbe Chilis sind meist schärfer, Habanero ist die bei uns erhältliche schärfste Chilisorte. Frische Chilischoten sollte man immer nur mit Handschuhen verarbeiten und die Berührung von Augen, Lippen und deren Umgebung unbedingt vermeiden! Süß-saure Chilisoße schmeckt zu fast jedem Fleisch, Fisch und Geflügel vom Grill und aus dem Fonduetopf sowie zu Frittiertem.

Apfelsenf

Zutaten für 1 kg

200 g gelbe Senfkörner
100 ml Apfelessig
4 EL Orangenlikör (alternativ Limoncello)
5 Gewürznelken
5 Pfefferkörner
1 Sternanis
4 Pimentkörner
500 g säuerliche Äpfel, geschält, in Achteln
1 TL abgeriebene Zitronenschale
1 Prise Vanille, gemahlen
1 TL Salz
100 ml Apfelsaft
150 g Gelierzucker 2:1
1 TL Zimt, gemahlen

Zubereitung

1. Senfkörner **20 Sek./Stufe 7/mit MB** mahlen, in eine Schüssel umfüllen. Apfelessig und Orangenlikör darin verrühren und 1 Stunde lang ruhen lassen.
2. Gewürznelken, Pfefferkörner, Sternanis und Piment **20 Sek./Stufe 6/mit MB** mahlen. Mit dem Küchenpinsel hinunterstreifen und wiederholen.
3. Apfelstücke und Zitronenschalenabrieb hinzugeben und **60 Sek./Stufe 5/mit MB** pürieren. Vanille, Zimt, Salz und Apfelsaft hinzugeben. **15 Min./100 °C/ Stufe 1/ohne MB** rühren, dabei 5 Minuten vor Ende der Kochzeit den Gelierzucker durch die Deckelöffnung hineinrieseln lassen. 10 Minuten lang abkühlen lassen.
4. Senfmischung hinzugeben und **20 Sek./Stufe 5/mit MB** mischen. 2 Stunden lang offen fermentieren lassen, nach Bedarf etwas Essig oder Apfelsaft unterrühren, falls der Senf zu fest geworden ist. Dann in saubere Gläser füllen. Vor der Verwendung noch 1–2 Wochen lang ziehen lassen. Hält sich im Kühlschrank 3–4 Monate.

CHUTNEYS UND KETCHUP

Tomatenketchup

Zutaten für ca. 750 ml

1 kg Tomaten
75 g rote Zwiebeln, geschält
1 Chilischote
2 Knoblauchzehen, geschält
1 Lorbeerblatt, zerrebelt
1 EL Tomatenmark
1 TL Vanillezucker
4 EL Apfelessig
1 EL Kräutersalz
1 TL Paprikapulver
3 Zweige Basilikum, gehackt
60 g Gelierzucker 2:1

Varianten:

Asiatisch: Zu 3.: 15 g geriebenen Ingwer und 1 pürierte Mango dazugeben

Indisch: Vor dem Abfüllen 1 EL gutes Currypulver und 1 EL Fünf-Gewürz-Pulver einrühren

Mediterran: Zu 3.: Je 1 TL Rosmarin, Oregano und Thymian dazugeben

Zubereitung

1. Die Tomaten waschen, das Wasser abschütteln. Große Tomaten vierteln, kleine Tomaten halbieren. **20 Sek./Stufe 6/mit MB** rühren, dann durch ein Sieb filtern, um Kerne und Häute zu entfernen.
2. Zwiebeln, Chili (evtl. Kerne entfernen) und Knoblauch putzen, grob schneiden und **10 Sek./Stufe 5/mit MB** hacken. Spateln und die Tomatenpulpe wieder hinzugeben. Lorbeer, Tomatenmark, Vanillezucker, Essig, Salz und Paprikapulver zumessen. **45 Min./100 °C/Stufe 1/ohne MB** rühren. Der Ketchup soll jetzt sämig sein (je nach Wasseranteil der verwendeten Tomaten kann das früher sein – dann bereits vorher abschalten).
3. Basilikum und Gelierzucker hinzufügen und **4 Min./100 °C/mit MB** rühren. Mit Salz und Pfeffer würzen, evtl. nachsüßen oder nachsäuern. Die Flasche mit heißem, abgekochten Wasser füllen, dann abschütten. Den sehr heißen Ketchup abfüllen und sofort verschließen. Kühl und dunkel gelagert hält er sich mindestens 6 Monate.

Zitronengremolata

Zutaten ausreichend als Marinade für 4 Portionen

1 Bio-Orange
1 Bio-Zitrone
50 g Petersilie
30 g Koriandergrün (alternativ Basilikum)
2 junge Knoblauchzehen (alternativ Ingwer)
1 ½ EL Orangenmarmelade
50 ml Olivenöl
1 Msp. gemahlene Nelken
1 Prise Kreuzkümmel
Salz
Pfeffer

Varianten:

Nur Zitronen und keine Orangen verwenden
Keine anderen Kräuter als Petersilie verwenden
Mischung aus verschiedenen frischen, mediterranen Kräutern wie Rosmarin und Thymian (gesamt 2-3 EL) verwenden
Statt Olivenöl süßes Mandelöl verwenden, ein Schuss Chiliöl bringt Schärfe!

Zubereitung

1. Die Orange und die Zitrone mit heißem Wasser abwaschen und trocken reiben. Schale mit einer Küchenreibe fein abraspeln, danach Saft auspressen. Petersilie und Koriandergrün kalt abspülen und gut ausschütteln. Knoblauch schälen und vierteln. Mit der Orangenmarmelade in den Mixtopf geben und **15 Sek./Stufe 5/mit MB** fein mixen.
2. Olivenöl in den laufenden TM durch die Deckelöffnung bei Stufe 2 einlaufen lassen. Mit Nelken, Kreuzkümmel, Salz und Pfeffer abschmecken.

Passt gut zu Lamm, Hähnchen, Meeresfrüchten, Räucherfisch und in Salate.

Erdbeer-Passionsfrucht-Chutney

Zutaten für ca. 700 ml

25 g Orangeat
50 ml Whisky
1 Zitrone
500 g Erdbeeren, geputzt und halbiert
100 g Schalotten, geputzt und geviertelt
4 EL Olivenöl
150 ml Cidre (alternativ Apfelsaft)
3 Passionsfrüchte
1 gestr. TL Chilipulver
1 gestr. TL Rauchsalz
150 g Gelierzucker 2:1

Lecker zu Geflügel, Lamm und Grillkäse.

Zubereitung

1. Orangeat im Whisky 1 Stunde lang einweichen.
2. Die Schale von der Zitrone komplett bis zum Fruchtfleisch abschneiden. Das Fruchtfleisch dann in 4 Stücke schneiden, Kerne entfernen und mit den Erdbeeren in den Mixtopf geben. **5 Sek./Stufe 4/mit MB** pürieren, dann umfüllen und beiseitestellen.
3. Die Schalotten in den Mixtopf geben und **4 Sek./Stufe 5/mit MB** hacken. Olivenöl hinzugeben und **4 Min./120 °C/Stufe 1/ohne MB** (**4 Min./Varoma/Stufe 1/ohne MB**) garen. Cidre oder Apfelsaft zugießen.
4. Orangeat aus dem Whisky nehmen und ohne die Einweichflüssigkeit in den Mixtopf geben (der Alkohol kommt erst zum Schluss dazu). Passionsfrüchte aufschneiden und das Fruchtfleisch auskratzen, Saft auffangen. Mit den Erdbeeren und dem Gelierzucker einrühren, Chilipulver und Rauchsalz dazuschütten. **14 Min./120 °C/Stufe 1/Linkslauf/mit MB** (**12 Min./Varoma/Stufe 1/Linkslauf/mit MB**) kochen lassen.
5. Den restlichen Whisky dazugeben, abschmecken und eventuell nachsalzen. In mit heißem Wasser ausgespülte Gläser füllen und gleich verschließen. Ein paar Minuten auf den Kopf stellen, anschließend auskühlen lassen. Hält sich im Kühlschrank etwa 2 Monate.

Gurkenrelish

Zutaten für 2 Gläser Relish mit je ca. 300 ml

280 g Zwiebeln, geschält
280 g Gewürzgurken, abgetropft
1 Chilischote, geputzt, entkernt
1 TL rosa Pfefferkörner
100 ml Weißwein
60 g Rohrohrzucker
2 TL Senfmehl, gelb
knapp 1 TL Salz

Zubereitung

1. Zwiebeln vierteln, Gurken in 3 Stücke schneiden. Mit der geputzten Chilischote **10 Sek./Stufe 5/mit MB** hacken.
2. Weißwein und Rohrohrzucker sowie den rosa Pfeffer dazuschütten und **17 Min./100 °C/Stufe 1/ohne MB** rühren.
3. Senfmehl und Salz einrühren, **1 Min./100 °C/Stufe 2/mit MB** rühren, dann heiß abfüllen. Verschließen und auf den Kopf gestellt auskühlen lassen. Im Kühlschrank aufbewahren und innerhalb von etwa 2 Monaten verbrauchen (geöffnet innerhalb weniger Tage).

Lecker zu Burgern, Steaks, Koteletts, Lamm. Eignet sich auch gut als Beilage zu Käse- und Fleischfondue.

Rhabarberchutney

Zutaten für 2 Gläser Chutney

- 1 TL Senfkörner, ganz
- 80 ml Rotweinessig
- 500 g Rhabarber, geputzt und in 5 cm große Stücke geschnitten
- 10 g Ingwer, geschält und grob geschnitten
- 100 ml Apfelsaft, ungesüßt
- 100 g Rohrohrzucker
- 1 TL Vanillezucker
- ½ TL Pfeffer, gemahlen
- ½ TL Salz

Zubereitung

1. Senfkörner in der Hälfte vom Essig über Nacht einweichen lassen.
2. Rhabarber und Ingwer mit dem Apfelsaft **30 Sek./Stufe 5/mit MB** rühren. Restlichen Essig, Zucker und Vanillezucker hinzugeben und **15 Min./100 °C/ Stufe 1/ohne MB** rühren. Salz und Pfeffer sowie die eingeweichten Senfkörner mit der Einweichflüssigkeit einrühren. **10 Sek./Stufe 2/mit MB** mischen, dann heiß abfüllen und verschließen.

Fein zu Steaks, Koteletts, Lamm und Käse

Aprikosenchutney

Zutaten für 3 x 150 g Chutney

- 120 g rote Zwiebeln
- 10 g Knoblauch
- 2 EL Sonnenblumenöl
- 500 g Aprikosen
- ½ TL Meersalz
- 100 g brauner Rohrzucker
- 40 g Zitronensaft
- 1 kleine Chilischote, klein geschnitten
- 100 g Orangen-Direktsaft
- 80 g Gelierzucker 3:1

Zubereitung

1. Knoblauch und Zwiebeln schälen, grob zerschneiden. Mit dem Öl in den Mixtopf geben und **5 Sek./Stufe 4/mit MB** hacken. Spateln, dann **6 Min./100 °C/ Stufe 1/ohne MB** dünsten.
2. Aprikosen waschen, entsteinen, Fruchtfleisch vierteln. Mit Salz, Rohrzucker, der klein geschnittenen Chili, Zitronen-und Orangensaft zu den Zwiebeln in den TM geben. **20 Min./100 °C/Stufe 1/ohne MB** rühren.
3. Gelierzucker dazugeben und **5 Min./120 °C/Stufe 1/ohne MB** (**5 Min./ Varoma/Stufe 1/ohne MB**) rühren (Vorsicht, kann spritzen!). Heiß abfüllen und verschließen. 5 Minuten auf den Kopf stellen, dann umgedreht auskühlen lassen. Hält sich kühl gelagert etwa 4 Monate. Geöffnet schnell verbrauchen.

Verwendet man möglichst aromatische, reife Aprikosen (z.B. aus dem Wallis), so wird das Chutney am besten! Passt gut zu Schwein, Geflügel und Meeresfrüchten.

BEILAGEN: DEFTIGE BROTE

Roggen-Mohnbrötchen

Zutaten für 9–10 Brötchen

300 g Dinkelmehl, Type 630 oder 1050
250 g Roggenvollkornmehl
10 g Steinsalz
½ EL Rohrzucker
12 EL Sesamsamen
½ Würfel Hefe
(oder 1 Pk. Trockenhefe)
25 ml Olivenöl
ca. 450 ml Wasser, lauwarm
2–3 EL Mohn

bis 260 °C hitzebeständiges Backpapier
saubere Sprühflasche, mit Wasser befüllt

Zubereitung

1. Mixtopf leicht einölen. Dinkel- und Roggenmehl hineinwiegen sowie Salz, Zucker und Sesamsamen. **20 Sek./Stufe 3/mit MB** durchmischen. Dann die Hefe zerkrümeln, mit dem Olivenöl dazugeben. **3 Min./Teigstufe/ohne MB** rühren. Dabei langsam das Wasser (je nach Mehl auch etwas mehr) durch die Deckelöffnung zuschütten. Wenn man den Teig mit dem Fingerrücken antippt, sollte er noch ganz leicht kleben, aber nicht daran hängen bleiben – dann ist er richtig!
2. Teig auf die leicht bemehlte Arbeitsfläche geben und kurz per Hand zu einer Kugel formen. In eine leicht eingeölte Hefeteigschüssel legen (dann löst sich der Teig besser aus der Schüssel) und abgedeckt an einem warmen Ort (ca. 22–24 °C) so lange gehen lassen, bis sich der Teig etwa verdoppelt hat (ca. 1–1½ Stunden).
3. Backofen auf 270 °C Ober-/Unterhitze vorheizen (Bleche herausnehmen). Ein Blech mit Backpapier auslegen. Vom Teig Portionen von ca. 110 g abwiegen und zu kleinen Brötchen formen. Auf das Backblech setzen. Evtl. mit einem Messer Muster hineindrücken. Mit etwas Wasser anfeuchten und mit dem Mohn bestreuen. Abgedeckt nochmals rund 15 Minuten lang gehen lassen, bis sie deutlich aufgegangen sind.
4. Den Backofen nun mit Wasser einsprühen (ca. 20 Sprühstöße) und die Brötchen sofort auf die mittlere Schiene setzen. Nach 8 Minuten die Hitze auf 230 °C reduzieren. Nochmal etwa 10 Minuten backen, bis die Brötchen goldbraun sind. Unterseite kontrollieren, ob diese fest ist und ein hohler Ton erklingt, wenn man mit der Fingerspitze daraufklopft. Dann herausnehmen und auf einem Kuchengitter abkühlen lassen.

Die Brötchen lassen sich gut einfrieren!

Hamburger Brötchen

Zutaten für 8 Brötchen

400 g Dinkelmehl, Type 630
9 g Trockenhefe (entspricht 1 EL)
1 EL Rohrohrzucker
½ TL Steinsalz
1 Ei, M
40 g Sonnenblumenöl
150 ml Wasser, lauwarm
2 EL Sesamsamen

Zubereitung

1. Mehl, Trockenhefe, Zucker und Salz im Mixtopf **10 Sek./Stufe 3** verrühren. Öl und Ei hinzugeben und **3 Min./Teigstufe/ohne MB** verkneten. Dabei langsam das Wasser durch die Deckelöffnung hineinlaufen lassen. Teig zu einer Kugel formen und in eine geölte Hefeteigschüssel geben. Abgedeckt 1 Stunde lang gehen lassen.

2. 8 runde Teiglinge mit glatter Oberfläche formen. Auf ein Backblech mit hocherhitzbarem Backpapier oder ein bemehltes Blech setzen. Mit den Fingern leicht flach drücken und abgedeckt nochmals 20 Minuten lang gehen lassen. Den Backofen bei Ober-/Unterhitze auf 200 °C vorheizen.

3. Die Brötchen mit etwas Wasser bestreichen und mit dem Sesam bestreuen. Den Backofen nun mit Wasser einsprühen (ca. 20 Sprühstöße) und die Brötchen sofort auf die mittlere Schiene setzen. Nach 6 Minuten die Hitze auf 180 °C reduzieren. Nochmal etwa 10 Minuten backen, bis die Brötchen goldbraun sind. Unterseite kontrollieren, ob diese fest ist und ein hohler Ton erklingt, wenn man mit der Fingerspitze daraufklopft. Herausnehmen, auf einem Kuchengitter abkühlen lassen.

Focaccia alle Cipolle

Zutaten für 1 Blech

450 g Weizenmehl, Type 405
9 g Trockenhefe (entspricht 1 EL)
5 g Backmalz
10 g Rohrohrzucker
½ TL Steinsalz
170 ml Wasser, lauwarm
20 g Olivenöl

Zum Belegen:

1 geh. TL grobes Meersalz mit mediterranen Kräutern
90 ml Olivenöl
40 ml Wasser
200 g Zwiebeln, geschält

Varianten (statt der oder auch zusätzlich zu den Zwiebeln):

Gehackten Rosmarin vor dem Backen über den Teig streuen, 2–3 Knoblauchzehen mit den Zwiebeln hacken
In die Vertiefungen jeweils 1 Olive setzen

Zubereitung

1. Mehl, Trockenhefe, Backmalz, Zucker und Salz im Mixtopf **10 Sek./Stufe 3** verrühren. Öl hinzugeben und **2 Min./Teigstufe/ohne MB** kneten. Dabei langsam das Wasser durch die Deckelöffnung hineinlaufen lassen. Teig dann zu einer Kugel formen und in eine geölte Hefeteigschüssel geben. Abgedeckt 1 Stunde lang gehen lassen.
2. Ein Backblech (ca. 25 x 20 cm) oder eine große runde Pizzaform (ca. 26 cm) mit Olivenöl einfetten. Den Teig daraufgeben und zu einem Viereck von etwa 10 x 15 cm formen. Abgedeckt nochmal 20 Minuten lang gehen lassen.
3. Die Zwiebeln vierteln und **5 Sek./Stufe 5/mit MB** hacken. Direkt im Mixtopf mithilfe von 3-4 Küchentüchern trocken tupfen. Mit 1 TL Kräutersalz und 3 EL Olivenöl marinieren, **10 Sek./Stufe 2/Linkslauf/ohne MB** mischen, die Zwiebelstücke dann umfüllen und ziehen lassen. Backofen auf 220 °C Ober-/Unterhitze vorheizen.
4. Den Teig nun mit den Fingern etwa ½ cm dick auf dem Blech zu einem Viereck drücken (oder bei Verwendung des Pizzablechs rund drücken). Mit den Fingern Vertiefungen hinein drücken. Restliches Olivenöl mit dem Wasser vermischen und gleichmäßig auf dem Teig verteilen.
5. Die Zwiebeln dann auf der Teigplatte verstreuen. Im Backofen 15–20 Minuten lang auf der mittleren Schiene goldgelb backen. Herausnehmen und auf ein Kuchengitter setzen. Sofort in Stücke schneiden und kalt oder noch lauwarm (evtl. mit Kräutern bestreut) servieren.

Wirklich gute Focaccia gelingt nur mit gutem Olivenöl.

Grillbrot (Stockbrot)

Zutaten für ca. 12 Brote

3 EL Röstzwiebeln
10 Pfefferkörner
½ TL Koriandersamen, ganz
½ TL Fenchelsamen
500 g Mehl
9 g Trockenhefe
(oder ½ Würfel Frischhefe)
4 EL Olivenöl
1 TL Salz
1 TL Zucker
1 TL Paprikapulver (nach Belieben scharf oder edelsüß)
½ TL Oregano
½ TL Thymian
180 ml Wasser, lauwarm
12 feste, lange Stöcke

Zubereitung

1. 1 EL der Röstzwiebeln, Pfeffer, Koriander und Fenchel in den Mixtopf geben und **20 Sek./Stufe 5/mit MB** fein mahlen. Alle anderen Zutaten bis auf das Wasser hinzugeben und **2 Min./Teigstufe/ohne MB** kneten. Dabei langsam das Wasser durch die Deckelöffnung hineinlaufen lassen. Teig dann zu einer Kugel formen und in eine geölte Hefeteigschüssel geben. Abgedeckt 1 Stunde lang gehen lassen.
2. Den Teig auf einer bemehlten Arbeitsfläche gut durchkneten, 12 Teile abtrennen. Nun 20–25 cm lange Stränge formen, jeweils um einen Stock wickeln. Mit einem Tuch abgedeckt nochmals 20 Minuten lang gehen lassen.
3. Über offenem Feuer die Stöcke unter gelegentlichem Drehen hellbraun und knusprig backen.

Man kann auch Vollkornmehl für die Brote ausprobieren, sie werden sehr gut und sind noch dazu gesund! Man benötigt etwa 10 Prozent mehr Wasser für Vollkornteig. Dazu Kräuterbutter oder einen Dip reichen.

BEILAGEN: FÜR KARTOFFELFANS

Würzige Kartoffelspieße

Zutaten für 5–6 Portionen (als Beilage)

500 g kleine junge Kartoffeln (Drillinge), festkochend
200 g Cocktailtomaten

Für die Marinade:

2 Knoblauchzehen
120 ml Olivenöl
1 TL Meersalz
1 EL Kräuter der Provence (alternativ 2 EL frische Kräutermischung)
1 Prise Pfeffer
1 EL Paprikapulver
1 geh. TL Chilipulver
1 TL Zitronensaft

Für den Dip:

125 g Crème fraîche mit Kräutern
1 Prise Salz
1 Prise Pfeffer
1 EL fein geschnittener Schnittlauch
evtl. Zitronensaft

Zum Auffädeln:

Holzspieße, 1 Stunde lang in Wasser eingeweicht

Zubereitung

1. Knoblauch schälen und vierteln. Mit Kräutern, Gewürzen, Zitronensaft und Olivenöl im Mixtopf **30 Sek./Stufe 5/mit MB** rühren. In eine große Schüssel umfüllen.
2. Kartoffeln waschen, in Ganzen in den Gareinsatz legen. 700 g Wasser und 1 TL Salz in den Mixtopf füllen. **20–25 Min./100 °C/Stufe 1/mit MB** kochen lassen. Kartoffeln prüfen, ob sie weich genug sind, evtl. noch ein paar Minuten nachgaren lassen. Herausnehmen, warm in die Marinade geben, durchmischen und 30 Minuten lang darin ziehen lassen.
3. Für den Dip die Crème fraîche mit Salz, Pfeffer und Schnittlauch **30 Sek./Stufe 3/mit MB** glattrühren. Mit Zitronensaft abschmecken.
4. Die Kartoffeln im Ganzen abwechselnd mit den gewaschenen Tomaten auf die Spieße fädeln, je Spieß immer dieselbe Größe verwenden. Auf dem Grill gleichmäßig unter Wenden braun braten. Den Dip dazu servieren.

Niederbayerischer »Erdapfelkas«

Zutaten für 4–6 Portionen (als Beilage)

500 g Kartoffeln, mehlig
1 TL Brühpulver
1 Rosmarinzweig
2 Schalotten, geschält
1 TL Paprikapulver
100–150 ml Sahne
100 g Schmand
Kräutersalz
Pfeffer
ein paar Tropfen Zitronensaft zum Abschmecken
frische, gehackte Kräuter zum Bestreuen (wie Schnittlauch, Basilikum, Kresse)

Schmeckt als Brotaufstrich, aber auch, ähnlich wie Kartoffelsalat, als Dip zu Grillfleisch.

Zubereitung

1. Die Kartoffeln waschen, halbieren (die Stücke sollen etwa die gleiche Größe haben!) und in den Gareinsatz legen. 700 g Wasser, Brühpulver und Rosmarinzweig in den Mixtopf einfüllen, verschließen. **25 Min./120 °C/Stufe 1/mit MB** (**25 Min./Varoma/Stufe 1/mit MB**) kochen lassen. Kartoffeln prüfen, ob sie weich genug sind, evtl. noch 2–5 Minuten lang nachgaren lassen. Herausnehmen und vollständig abkühlen lassen, am besten über Nacht.

2. Schalotten vierteln, in den Mixtopf geben **5 Sek./Stufe 5/mit MB** hacken. Die Kartoffeln schälen und grob in den Mixtopf schneiden. Paprikapulver, Sahne und Schmand dazugeben und **10 Sek./Stufe 4/mit MB** rühren. Die Konstistenz sollte cremig, aber nicht ganz fein püriert sein. Evtl. noch etwas Sahne nachgeben (das hängt von den verwendeten Kartoffeln ab). Mit Kräutersalz und Pfeffer abschmecken, nach Belieben noch etwas mit Zitronensaft säuern. Gut durchkühlen lassen (zieht noch Flüssigkeit nach, wird also ein wenig fester). Mit Kräutern bestreut servieren.

Kartoffelgratin

Zutaten für 4 Portionen (als Beilage)

600 g Kartoffeln, vorwiegend fest- oder mehligkochend
200 g Emmentaler (evtl. geriebener Gratinkäse)
150 g Kreuzkümmel
1 Knoblauchzehe, geschält
80 g Schalotten, geschält
2 kleine Rosmarinzweige
200 g Sahne
1 EL Olivenöl
2 TL Salz
1 Prise Muskatnuss, gerieben
100 g Gemüsefond
1/4 TL Pfeffer
1/2 TL Kräutersalz

Varianten:

Wer es fettärmer mag, ersetzt einen Teil der Sahne durch Geflügelfond
Unter die Kartoffeln 3–4 EL gewürfelten Speck mischen, dann jedoch unbedingt die Salzzugabe halbieren, denn der Speck ist bereits gesalzen!

Dieses Gratin kann auch indirekt auf dem Grill zubereitet werden (unbedingt eine geeignete Form verwenden, z. B. Gusseisen).

Zubereitung

1. Kartoffeln waschen, schälen, in Scheiben von ca. 1–2 mm Dicke schneiden. In den Gareinsatz geben, 500 g Wasser einfüllen sowie 1 TL Salz. **12 Min./120 °C/ Stufe 5/mit MB** (**12 Min./Varoma/Stufe 5/mit MB**) dämpfen (die Kartoffeln sollen nicht ganz gar sein!). Umfüllen in eine Gratin- bzw. feuerfeste Form.
2. Käse in Stücke schneiden und im Mixtopf **8 Sek./Stufe 5/mit MB** reiben, über den Kartoffelscheiben verteilen.
3. Backofen auf 180 °C Umluft (200 °C Ober-/Unterhitze) vorheizen.
4. Kreuzkümmel, Knoblauch, halbierte Schalotten, Kräutersalz und Pfeffer mit den abgezupften Rosmarinnadeln in den Mixtopf geben und **6 Sek./Stufe 5/ mit MB** hacken, spateln. Mit der Sahne, dem Gemüsefond und dem Olivenöl aufgießen, Salz und Muskatnuss hinzugeben, **5 Min./100 °C/Stufe 1/ohne MB** kochen. Über die Kartoffeln gießen und im Backofen auf der 2. Schiene von unten 20 Minuten lang garen (Gabelprobe machen). Heiß servieren.

Kartoffelsalat auf schwäbische Art

Zutaten für 4 Portionen (als Beilage)

500 g festkochende Kartoffeln
1 Rosmarinzweig
5 Petersilienzweige
200 g Zwiebeln, geschält
3 EL Olivenöl
100 ml Fleischbrühe
1 EL mittelscharfer Senf
3 EL Weißweinessig
1 Prise Muskatnuss, gerieben
Salz
Pfeffer
1 kleines Bund Schnittlauch

Varianten:

½ Gurke oder 1 Bund Radieschen **4 Sek./Stufe 4** hacken und untermischen

Die Hälfte der Brühe durch Mayonnaise ersetzen

Statt der Petersilie 1–2 EL gemischte mediterrane Kräuter (Thymian, ein wenig Salbei, Rosmarin) hacken und unterrühren

Zubereitung

1. Die Kartoffeln waschen, in Scheiben schneiden. 600 g Wasser, 1 TL Salz und den Rosmarin in den Mixtopf geben. Gareinsatz einhängen, die Kartoffeln einlegen und ca. **25 Min./120 °C/Stufe 1/mit MB** (**25 Min./Varoma/Stufe 1/mit MB**) gar kochen. Gareinsatz herausnehmen und etwas abkühlen lassen, bis man die Kartoffeln leicht schälen kann. In Scheiben schneiden.

2. Petersilie waschen, trocken schütteln, die Blätter abzupfen. Geviertelte Zwiebeln und Petersilienblätter im Mixtopf **5 Sek./Stufe 5/mit MB** hacken.

3. Olivenöl, Brühe, Senf und Essig dazugeben und **10 Sek./Stufe 4/mit MB** vermischen. Salzen und pfeffern, Muskatnuss einrühren und alles über die Kartoffelscheiben gießen. Gut durchmischen, evtl. mit Salz bzw. Essig nachwürzen. Schnittlauch in dünne Röllchen schneiden und darüber streuen. Noch leicht warm oder auch gekühlt servieren.

Ungarischer Kartoffelstampf

Zutaten für 4–6 Portionen (als Beilage)

500 g mehligkochende Kartoffeln
Salz
1 Knoblauchzehe
100 g Zwiebeln, geschält
2 EL Olivenöl
1 gestr. EL ungarischer Paprika, edelsüß oder scharf
Pfeffer
100 ml Gemüsefond
1 TL weiche Butter

Varianten:

Weniger Paprikapulver verwenden, dann mit der Butter noch 1 EL Ajvar (normal oder scharf) einrühren
Statt der Brühe 120 ml Sahne verwenden
Gemischte Kräuter unterrühren

Zubereitung

1. Die Kartoffeln waschen, schälen und in gleich große Stücke (z.B. Viertel) schneiden. 600 g Wasser, 1 TL Salz und den Knoblauch in den Mixtopf geben. Gareinsatz einhängen, die Kartoffeln einlegen und ca. **25–30 Min./120 °C/ Stufe 1/mit MB** (**25–30 Min./Varoma/Stufe 1/mit MB**) gar kochen. Gareinsatz herausnehmen und kurz abkühlen lassen.

2. Zwiebeln vierteln, im Mixtopf **5 Sek./Stufe 5/mit MB** hacken. Olivenöl hinzugeben und **5 Min./100 °C/Stufe 1/ohne MB** dünsten. Kartoffeln hinzufügen, Paprika, knapp ½ TL Salz und 1 Prise Pfeffer dazugeben. Mit dem Fond aufgießen und **10 Sek./Stufe 4/mit MB** rühren. Testen, ob noch Flüssigkeit benötigt wird, dann nachgießen (je nach Kartoffelsorte ist das unterschiedlich). Butter dazugeben und nochmals **10 Sek./Stufe 5/ mit MB** rühren. Mit Salz und Pfeffer abschmecken und noch warm oder auch kalt servieren.

Schmeckt am besten mit original ungarischem Paprikapulver, direkt aus Ungarn ohne Umwege über den Gewürzhandel. Dieser ist allerdings recht intensiv, man benötigt also etwas weniger, sonst wird das Gericht schnell bitter.

AUFSTRICHE FÜR BROTZEIT UND GRILLFEST

Fleischwurstsalat

Zutaten für 6 Portionen

250 g feine Fleischwurst
3 kleinere Gewürzgurken
200 g Mayonnaise
1 TL Honig
1 Prise Pfeffer
1 EL feine Schnittlauchröllchen
Salz

Zubereitung

1. Die Wurst vierteln, dann in 2 cm dicke Scheiben zerteilen. Gewürzgurken je in 3 Stücke schneiden. Beides im Mixtopf etwa **4 Sek./Stufe 4** wunschgemäß zerkleinern, dann in eine Schüssel umfüllen.
2. Alles andere (bis auf den Schnittlauch) nun im Mixtopf **15 Sek./Stufe 3** durchmischen. Zu der Wurst-Gurken-Mischung geben, durchrühren. Mindestens 1 Stunde abgedeckt im Kühlschrank ziehen lassen. Nach Geschmack salzen (die Wurst enthält bereits Salz). Vor dem Servieren mit den Schnittlauchröllchen bestreuen. Innerhalb von 2 Tagen verzehren.

Teewurst

Zutaten für 200 g

35 g Zwiebel, geschält
40 g Butter
100 g Südtiroler Schinken
70 g fetter Würfelspeck
1 gestrichener TL Paprikapulver, mild
1 Prise schwarzer Pfeffer

Zubereitung

1. Zwiebel in Stücke schneiden und im Mixtopf **4 Sek./Stufe 5/mit MB** hacken, spateln. Butter hinzugeben und **4 Min./120 °C/Stufe 1/mit MB** (**4 Min./Varoma/Stufe 1/mit MB**) dünsten. Geöffnet auf 50 °C abkühlen lassen.
2. In der Zwischenzeit den Schinken sehr fein würfeln, den Speck gröber schneiden. Mit Paprika und Pfeffer zur abgekühlten Zwiebelbutter geben und in mehreren Intervallen **mit MB** zerkleinern: **10 Sek./Stufe 5**, dann spateln, **10 Sek./Stufe 8**, nochmals spateln, wieder **10 Sek./Stufe 10**. Ist die Masse noch nicht fein genug (hängt von dem Speck und dem Schinken ab), erneut mit dem Spatel durchrühren und wiederholen. Zu einer Kugel formen, in Frischhaltefolie wickeln und für 1 Stunde in den Kühlschrank geben.

Hält sich verpackt 1 Woche lang im Kühlschrank.

Chilimais mit Käse

Zutaten für 6 Portionen (als Beilage)

- 100 g fester Käse (Emmentaler, Edamer, Cheddar nach Belieben) am Stück
- 1 Knoblauchzehe
- 2 Dosen Mais, Abtropfgewicht 285 g
- 1 EL Butter
- ½–1 TL Chili, gemahlen oder in Flocken
- ½ TL Kräutersalz

Zubereitung

1. Käse in Würfel aufschneiden und im Mixtopf **5 Sek./Stufe 5/mit MB** reiben. Spateln und 10 Sekunden lang wiederholen, bis der Käse fein gerieben ist (hängt von dessen Konsistenz ab). Dann umfüllen.
2. Knoblauchzehe schälen und in 4 Teile schneiden. Mit dem Inhalt einer Maisdose mitsamt der Einlegeflüssigkeit in den Mixbecher geben. **20 Sek./Stufe 5/mit MB** pürieren. Mit dem Spatel hinunterschieben.
3. Butter, restlichen Mais sowie Chili dazugeben und **8 Min./120 °C/Stufe 1/mit MB** (**8 Min./Varoma/Stufe 1/mit MB**) erhitzen. In eine Servierschüssel umfüllen, sofort den geriebenen Käse unterrühren, damit er noch schmelzen kann. Mit Kräutersalz abschmecken und zu Grillfleisch servieren.

Diese schnell gemachte, leckere Beilage zu Grillfleisch und Kartoffeln oder Tacos kann nach Belieben auch kalt serviert werden, dann wird nach dem Pürieren nur der Käse, das Chili sowie der restliche Mais zugegeben und **20 Sek/Stufe 3/Linkslauf** vermischt. Wer es sehr scharf mag, nimmt mehr Chili. Passt auch gut zu Fondue!

Auberginenaufstrich

Zutaten für 4–6 Portionen (als Beilage)

2 Knoblauchzehen
1 TL gehackte Rosmarinnadeln
2 EL Olivenöl
1 kg Auberginen
300 g Schmand oder Crème légere mit Kräutern
2–3 Spritzer Tabasco (evtl. Chipotle smoked)
1 gestr. TL Rauch- oder Kräutersalz

Zubereitung

1. Knoblauch abziehen, vierteln und in den Mixtopf geben. Mit Rosmarinnadeln und Olivenöl **5 Sek./Stufe 5/mit MB** hacken, spateln.
2. Die Auberginen waschen, Blütenansatz abschneiden und der Länge nach halbieren. Ein Backblech mit Backpapier belegen und die Auberginen mit der Hautseite nach oben darauf verteilen. Mit einer Gabel mehrere Löcher hineinstechen. Backofen auf 220 °C Ober-/Unterhitze vorheizen und die Auberginen 35–40 Minuten lang weich backen.
3. Kurz etwas abkühlen lassen, dann herausnehmen und mit einem Löffel das Fleisch herauskratzen. Das leicht abgekühlte Auberginenfleisch zum Knoblauchmix geben. Schmand hinzufügen. **15 Sek./Stufe 5/mit MB** fein cremig pürieren. Dann mit Tabasco und Salz **4 Sek./Stufe 5/mit MB** mischen. Abschmecken, evtl. nachwürzen. In eine Schüssel umfüllen und 1 Stunde lang kalt stellen.

In einem Schraubglas im Kühlschrank hält sich das Mus mehrere Tage lang.

Bayerischer Obatzter

Zutaten für 4 Portionen

60 g Schalotten
½ TL Kümmel, gemahlen
250 g weiche Süßrahmbutter
100 ml Sahne
2 TL Kräutersalz
1 TL Paprikapulver
schwarzer Pfeffer
300 g reifer Camembert, in Würfeln
2 Lauchzwiebeln

Zubereitung

1. Schalotten vierteln und mit dem Kreuzkümmel **10 Sek./Stufe 5 mit MB** hacken, spateln. Die Butter stückweise sowie die Sahne hinzugeben, dann **15 Sek./Stufe 5/mit MB** mixen. Kräutersalz, Paprikapulver, 1 Prise Pfeffer und die Camembertwürfel durch die Deckelöffnung in den laufenden Mixtopf geben. **20 Sek./Stufe 5/mit MB** rühren, bis alles cremig ist, salzen und pfeffern.
2. In eine Schüssel umfüllen und 2–3 Stunden abgedeckt im Kühlschrank ziehen lassen. Lauchzwiebeln in Ringe schneiden und über den Obatzten streuen. Innerhalb von 2–3 Tagen aufbrauchen.

Kräuter-Hummus

Zutaten für 4 Portionen (300 g)

½ Bund Basilikum, alternativ TK Kräutermischung
15 g Ingwer, geschält, in Stücken
2 Bio-Zitronen, heiß abgewaschen
1 Dose Kichererbsen (Abtropfgewicht 240 g)
50 g Olivenöl
¼ TL Kreuzkümmel
1 TL Currypulver
1 Prise Chilipulver
1 Prise schwarzer Pfeffer
1 TL Salz

Zubereitung

1. Basilikum waschen, grob schneiden. Mit dem Ingwer, dem Abrieb und Saft der Zitronen im Mixtopf **10 Sek./Stufe 5/mit MB** hacken, spateln und wiederholen.
2. Kichererbsen abtropfen lassen, mit Wasser kurz abspülen. Mit dem Öl und den Gewürzen in den Mixtopf geben, **10 Sek./Stufe 5/mit MB** mischen, spateln. Anschließend **2 Min./Stufe 4/mit MB** fein-cremig pürieren.

Schmeckt lecker und würzig zu Fleisch, Gemüse und auf Brot.

EXTRAS: WÜRZBUTTER, EIN MUSS!

Mediterrane Tomatenbutter

Zutaten für 250 g

200 g Butter
25 g Zwiebel, geschält
1 Knoblauchzehe
8 Basilikumblätter
1 Stängel Petersilie
1 Prise Chilipulver
1 TL Rosmarin
1 TL Thymian
1 TL Oregano
5 EL Tomatenmark
1 EL Zitronensaft
1 TL Meersalz
1 Prise Pfeffer

Zubereitung

1. Die Butter aus dem Kühlschrank nehmen und 1 Stunde lang bei Zimmertemperatur weich werden lassen.
2. Zwiebel, Knoblauch, Basilikum und Petersilienblätter **10 Sek./Stufe 8/mit MB** hacken, spateln. Chilipulver, Rosmarin, Thymian und Oregano hinzugeben und **5 Sek./Stufe 8/mit MB** rühren.
3. Butter, Zitronensaft, Tomatenmark, Pfeffer und Salz hinzufügen und alles **20 Sek./Stufe 4** verrühren.
4. Im Kühlschrank 1 Stunde lang ruhen lassen, damit sich die Aromen entfalten. Hält sich mehrere Tage.

Alternativ zu frischen Kräutern: 2-3 EL Kräuter der Provence verwenden! Lecker zu gegrilltem Gemüse, Rindersteaks und Brot.

Pistazien-Limettenbutter

Zutaten für 250 g

200 g Butter
50 g Pistazien, ungesalzen und geschält
1 TL abgeriebene Limettenschale
1 EL Limettensaft
1 TL feines Meersalz
1 Prise Pfeffer
1 Prise Cayennepfeffer
1 Prise Muskatnuss, gerieben

Zubereitung

1. Die Butter aus dem Kühlschrank nehmen und 1 Stunde lang bei Zimmertemperatur weich werden lassen.
2. Die Pistazien im Mixtopf **10 Sek./Stufe 6/mit MB** hacken. Alle anderen Zutaten hinzufügen. **20 Sek./Stufe 4/mit MB** verrühren. Die Butter dann entweder in eine servierfähige Form streichen oder auf Klarsichtfolie streichen und zu einer Rolle formen. Im Kühlschrank mindestens 1 Stunde lang ruhen lassen. Innerhalb der nächsten 3 Tage verwenden oder einfrieren.

Orientalische Gewürzbutter

Zutaten für 500 g

500 g Butter
½ TL Kreuzkümmel
½ TL Koriander
½ TL schwarzer Pfeffer
1 TL abgeriebene Orangenschale, getrocknet
5 g Ingwer, getrocknet
1 Lorbeerblatt
2 Chilischoten, getrocknet
2 TL feines Meersalz
1 Prise Muskatnuss, gemahlen
1 TL Knoblauchpulver
1 TL Kurkuma
1 TL Rohrzucker
1 TL Petersilie, getrocknet

Zubereitung

1. Die Butter aus dem Kühlschrank nehmen und 1 Stunde lang bei Zimmertemperatur weich werden lassen.
2. Kreuzkümmel, Koriander, Pfeffer, Orangenschale, Ingwer, das zerrebelte Lorbeerblatt sowie die Chilischoten ohne Samen in den Mixtopf geben. **30 Sek./Stufe 10/mit MB** fein mahlen. Salz, Muskatnuss, Knoblauchpulver, Kurkuma, Rohrzucker und Petersilie hinzugeben und noch einmal **10 Sek./Stufe 8/mit MB** mixen, mit dem Pinsel nach unten streichen. Die Butter hineingeben und **30 Sek./Stufe 4/mit MB** cremig rühren. Dann entweder in eine servierfähige Form streichen oder auf Klarsichtfolie streichen und zu einer Rolle formen. Im Kühlschrank mehrere Stunden lang fest werden lassen. Innerhalb der nächsten Tage verwenden oder gleich einfrieren.

Zu Fisch, Meeresfrüchten, Schweine- und Lammfleisch, orientalischen Gerichten.

Grillbutter

Zutaten für 200 g

200 g Butter
10 Pfefferkörner
1 geh. TL Meersalz
1 TL Paprikapulver, geräuchert
1 TL Paprikapulver, mild
½ TL Chilipulver
1 TL Currypulver
1 TL Waldhonig

Zubereitung

1. Die Butter aus dem Kühlschrank nehmen und 1 Stunde lang bei Zimmertemperatur weich werden lassen.
2. Pfefferkörner und Meersalz in den Mixtopf geben und **20 Sek./Stufe 10/mit MB** mahlen. Paprika, Chilipulver, Curry, Waldhonig und die weiche Butter hinzugeben und **25 Sek./Stufe 4/mit MB** cremig rühren. Die Butter dann entweder in eine servierfähige Form streichen oder auf Klarsichtfolie streichen und zu einer Rolle formen. Im Kühlschrank mehrere Stunden lang fest werden lassen. Lässt sich gut einfrieren.

Rucolabutter

Zutaten für ca. 300 g

250 g Butter
50 g Parmesan
75 g junger Rucola
2 Knoblauchzehen
2 EL Walnussöl
1 gestrichener TL abgeriebene Zitronenschale
1 gestr. TL Kräutersalz
1 Prise Pfeffer

Zubereitung

1. Die Butter 30 Minuten vor der Verarbeitung aus dem Kühlschrank nehmen, damit sie weich wird und man sie besser verwenden kann.
2. Parmesan grob würfeln und **15 Sek./Stufe 9/mit MB** fein reiben, dann umfüllen.
3. Rucola waschen und trocken schütteln. Knoblauch vierteln und mit dem Rucola und dem Walnussöl **10 Sek./Stufe 5/mit MB** mixen, spateln. Zitronenschale, Kräutersalz, Pfeffer, weiche Butter und Parmesan hinzugeben und **10 Sek./Stufe 5/mit MB** rühren. Alles zur Seite schieben und den Rühraufsatz einsetzen. **10 Sek./Stufe 3,5/Linkslauf/mit MB** cremig rühren.
4. In eine Servierschüssel geben, kalt stellen und bald verbrauchen oder verpackt in den Gefrierschrank geben, wo sie sich gut 2 Monate hält.

Basilikumbutter

Zutaten für etwa 300 g

40 g Basilikum, gewaschen (keine dicken Stiele verwenden)
2 EL Walnussöl
250 g weiche Butter
1 TL Knoblauchgranulat
1 gestr. TL Salz
½ TL schwarzer Pfeffer aus der Mühle

Varianten:
mit frischem Bärlauch und Olivenöl
mit Thymian und Zitronenabrieb

Zubereitung

1. Basilikum mit Walnussöl im Mixtopf **5 Sek./Stufe 5/mit MB** hacken. Spateln und wiederholen.
2. Butter in kleine Stücke schneiden. Knoblauch, Salz und Pfeffer zum Basilikum geben. Die Butterstücke durch die Deckelöffnung in das laufende Messer fallen lassen, dabei den Mixtopf **1 Min./Stufe 4** rühren lassen. Zum Schluss noch einmal **10 Sek./Stufe 5** rühren. Abschmecken. Die Butter sollte leicht, aber nicht sehr salzig sein. Dann in einen Spritzbeutel füllen und in portionsgerechte Häufchen spritzen oder in Töpfchen abfüllen. Kühl stellen, lässt sich gut einfrieren.

Schmeckt zu Grillfleisch sowie Gemüse (z.B. Spargel), auch zum Verfeinern von Soßen. Man sollte immer einen kleinen Vorrat davon im Gefrierschrank haben!

Sommerbutter

Zutaten für 1 Rolle

200 g Butter
4 EL frische Brennnesselsamen
8 Ringelblumenblüten
1 TL abgeriebene Zitronenschale
Pfeffer
Salz

Zubereitung

1. Die Butter 30 Minuten vor der Verarbeitung aus dem Kühlschrank nehmen, damit sie weich wird und man sie besser verwenden kann.
2. Die Brennnesselsamen im Mixtopf **20 Sek./Stufe 5/mit MB** hacken. Die weiche Butter dazugeben und **60 Sek./Stufe 3,5/Linkslauf/mit MB** leicht cremig rühren. Die Blütenblätter von den Ringelblumen zupfen und mit dem Zitronenschalenabrieb hineingeben. **15 Sek./Stufe 3** rühren, dann mit Salz und Pfeffer abschmecken.
3. Auf ein Stück Frischhaltefolie geben, zu einer Rolle formen und in der Folie verpacken. Im Kühlschrank zum baldigen Verbrauch hart werden lassen oder verpackt in den Gefrierschrank geben, wo sie sich 2–3 Monate hält.

Passt zu Fleisch, Gemüse und auf Brot.

Erfrischende Zitronenbutter

Zutaten für 250 g

250 g Butter
2 Bio-Zitronen
6 Minzblätter, gehackt
1 TL Fleur de Sel
1 Prise schwarzer Pfeffer
1 Prise Zucker

Zubereitung

1. Die Butter 30 Minuten vor der Verarbeitung aus dem Kühlschrank nehmen, damit sie weich wird und man sie besser verwenden kann.
2. Die Zitronen mit heißem Wasser gründlich abwaschen und abtrocknen. Dann mit einer Reibe die Zitronenschale ohne die weiße Unterhaut abreiben. Den Saft einer ½ Zitrone auspressen. Saft, Zitronenschale, gehackte Minze und weiche Butter in den Mixtopf geben, Pfeffer, Zucker und etwas Salz hinzufügen und **30 Sek./Stufe 3/mit MB** cremig rühren. Nach Belieben nachsalzen.
3. Portionsweise oder in einer Schüssel in den Kühlschrank stellen und 1 Stunde lang durchkühlen lassen.

Lecker zu Fleisch, Fisch, Kurzgebratenem, Pasta.

EXTRAS: SELBST GEMACHTES KRÄUTERSALZ UND GEWÜRZ-MISCHUNGEN

Sommerblütensalz

Zutaten für 1 Glas

1 EL Meersalz, grob
5 EL getrocknete Blüten von Thymian, Rotklee, Taubnessel, Schafgarbe, Schnittlauch, Salbei, Ringelblume, Kornblume, evtl. etwas Lavendel
½ TL Pfeffer

Zubereitung

1. Getrocknete Blüten mit 1 TL Salz und dem Pfeffer im Mixtopf **30 Sek./Stufe 8–10/mit MB** mahlen. Restliches Salz hinzufügen, **10 Sek./Stufe 4/mit MB** mischen.
2. In ein Schraubglas füllen, trocken und dunkel lagern. Das Blütensalz kann auch mit etwas getrockneter und gemahlener Zitronen- oder Orangenschale ergänzt werden.

Super zum Herstellen von Kräuterbutter!

Hot Lemon Rub

Zutaten für ca. 70 g

2 Bio-Zitronen
1 geh. TL Pfefferkörner
50 g Meersalz oder Kristallsalz

Zubereitung

1. Die Zitronen mit heißem Wasser abwaschen, dann gründlich abtrocknen. Die Schalen mit einem Zestenreißer oder einem scharfen Messer ohne die weiße Unterhaut stückig herunterschneiden. Diese Schalenstücke nun so lange trocknen lassen, bis sie steinhart sind (im Backofen bei 80 °C ca. 2 Stunden, oder einfach ein paar Tage auf einem Teller lufttrocknen lassen).
2. Getrocknete Zitronenschale und Pfefferkörner in den Mixtopf geben. **60 Sek./Stufe 10/mit MB** in mehreren Intervallen mahlen, bis alles feinpulverig ist.
3. Salz hinzugeben und **10 Sek./Stufe 4/mit MB** mischen. In ein Schraubglas füllen und trocken lagern.

Rubs sind Gewürzmischungen, die trocken in das Fleisch eingerieben werden, evtl. auch unter die Haut. Das Hot Lemon Rub nimmt man für Geflügel, Schwein, Fisch und Meeresfrüchte. Wenn man gleich die Schalen mehrerer Zitronen trocknet, dann lohnt sich der Aufwand eher!

Chili-Rub

Zutaten für ca. 70 g

15 g getrocknete Chilischoten
50 g Meer- oder Steinsalz
1 Prise Zimt
5 Körner Piment
½ TL Kümmel
2 Gewürznelken
1 TL Paprikapulver
1 TL Currypulver
1 TL Rohrohrzucker
1 TL Pfefferkörner

Scharfe Mischung mit exotischen Aromen!

Zubereitung

1. Die Chilischoten mit den Körnern und 1 EL Salz in den Mixtopf geben, dabei leicht zwischen den Fingern zerreiben. **40 Sek./Stufe 10/mit MB**, bis alles feinpulverig ist.
2. Alle restlichen Zutaten dazugeben und **10 Sek./Stufe 4/mit MB** mischen. In ein Schraubglas füllen, dunkel und trocken lagern.

Kräuter-Rub

Zutaten für 1 Gewürzglas

1 TL Knoblauch, getrocknet
1 TL Zwiebeln, getrocknet
2 TL Rosmarin, getrocknet
1 TL Oregano, getrocknet
1 TL schwarzer Pfeffer, ganz
3 TL Hickory-Rauchsalz

Zubereitung

1. Knoblauch, Zwiebeln, Rosmarin, Oregano und Pfefferkörner **60 Sek./Stufe 5/mit MB** mahlen. Danach nochmal **20 Sek./Stufe 10/mit MB** mahlen.
2. Salz durch die Deckelöffnung hinein schütten, **10 Sek./Stufe 4/mit MB** durchrühren und das Gewürz nun in ein verschließbares Gewürzglas füllen.

Vor dem Grillen entweder unter die Haut schieben (Geflügel) oder nur indirekt grillen, damit die Kräuter nicht auf dem Grill verbrennen und das Fleisch bitter schmeckt.

Mediterranes Kräutersalz

Zutaten für 1 Gewürzglas

2 EL Meersalz
1 EL Thymian, getrocknet
1 EL Rosmarin, getrocknet
1 TL Oregano, getrocknet
2 Salbeiblätter, getrocknet
1 Knoblauchzehe, getrocknet

Am besten kommen die Kräuteraromen zur Geltung, wenn die Mischung als Fingersalz am Tisch verwendet wird.

Zubereitung

1. Alle Kräuter zusammen mit 1 TL vom Salz in den Mixtopf abmessen. **45 Sek./Stufe 8–10/mit MB** mahlen.
2. Dann das restliche Salz hinzufügen und **10 Sek./Stufe 4/mit MB** mischen. In ein Schraubglas füllen und trocken lagern.

Geflügel-Rub

Zutaten für 1 Gewürzglas

3 Chilischoten, getrocknet
1 TL Kreuzkümmelsamen
1 EL Rosmarinnadeln, getrocknet
1 TL schwarzer Pfeffer
1 EL Salbei, getrocknet
1 TL Oregano, getrocknet
1 EL Paprikapulver, geräuchert
2 EL Steinsalz

Zubereitung

1. Kerne der Chilischoten entfernen. Chili, Kreuzkümmel, Rosmarin und Pfeffer in den Mixtopf geben. **20 Sek./Stufe 5/mit MB** grob hacken, danach nochmal **20 Sek./Stufe 10/mit MB** mahlen.
2. Salbei, Oregano und Paprikapulver dazugeben. **15 Sek./Stufe 5/mit MB** mixen. Salz durch die Deckelöffnung hineinschütten, **10 Sek./Stufe 4/mit MB** durchrühren und das Gewürz nun in ein verschließbares Gewürzglas einfüllen.

Passt zu jedem Geflügel, aber auch zu Meeresfrüchten und Fisch.

SÜSSES ZUM SCHLUSS

Feine Joghurtcreme auf Baiser und Himbeeren

Zutaten für 4 Portionen

½ Vanilleschote
300 g Joghurt, 10 % Fettanteil
50 g Zucker
75 g weißer Schokoladenlikör[1] (oder anderer heller Cremelikör)
Abrieb von 1 Bio-Zitrone
40 g Baiser-Tropfen
150 g gefrorene Himbeeren

[1] siehe auch im Buch *60 Liköre aus dem Thermomix®*

Zubereitung

1. Vanilleschote längs aufschlitzen und das Mark herauskratzen. Joghurt, Zucker, Likör, Zitronenschalenabrieb und Vanillemark in den Mixtopf geben und **20 Sek./Stufe 3/mit MB** mischen.
2. Baisers grob zerkrümeln (geht leicht in einem Gefrierbeutel, einfach mit dem Nudelholz darauf klopfen) und auf die Dessertgläser verteilen. Jeweils 2–3 EL gefrorene Himbeeren daraufgeben. Die Creme gleichmäßig verteilen. Die Portionen 1–2 Stunden in den Kühlschrank geben. Nun tauen die Himbeeren langsam auf und durchtränken die Baisers mit ihrem feinen Saft. Dann kann serviert werden.

Himbeereistraum mit weißer Schokolade

Zutaten für 4 Portionen

50 g weiße Schokolade (z. B. Callets)
50 g Zucker
½ TL abgeriebene Schale von einer Bio-Zitrone
300 g Himbeeren, gefroren (alternativ Heidelbeeren, Brombeeren oder Früchtemix)
2 Eiweiß

Zum Bestreuen:
Schokoflöckchen, zerkrümelte Amarettikekse oder etwas Kakaopulver

Achtung: Dieses herrlich fruchtig-cremige Softeis gelingt nur bei Verwendung der angegebenen Menge an Früchten. Wird mehr Eis benötigt, muss man eine weitere Portion zubereiten! Fein schmeckt auch ein auf dieselbe Art zubereitetes Heidelbeer-, Erdbeer- oder Mangoeis.

Zubereitung

1. Schokolade in Stücke brechen. Mit dem Zucker und der Zitronenschale **12 Sek./Stufe 10/mit MB** fein mahlen.
2. Gefrorene Beeren dazugeben und alles **10 Sek./Stufe 8/mit MB** zerkleinern. Die Masse mit dem Spatel im Mixtopf so zur Seite schieben, dass der Rühreinsatz aufgesteckt werden kann.
3. Nun Eiweiß dazu geben und alles **2 Min./Stufe 4** mithilfe des Rühreinsatzes zu einem fein-cremigen Eis aufschlagen. Entweder sofort servieren (bestreut nach Belieben) oder umfüllen und für späteren Bedarf maximal 2 Stunden in den Tiefkühler stellen.

Zitronentarte

Zutaten für 6 Portionen

Für die Tarte:
130 g Butter
240 g Mehl
70 g Puderzucker
10 g Speisestärke
1 Prise Salz
1 Ei, S
1 EL Zitronengelee

Zum Blindbacken:
ca. 5 EL Linsen oder Erbsen

Für die Zitronencreme:
2 Blatt Gelatine
2 Eier, M
4 Eigelb, M
abgeriebene Schale von 2 Bio-Zitronen
150 g Zucker
60 g Zitronensaft
170 g Butter
30 g Limoncello (alternativ Orangenlikör)

Dekor:
2 EL Zitronengelee
2 EL Limoncello (oder Orangenlikör)

1 Tarteform, ca. 20 x 20 cm, oder 6 kleine Rundformen mit 10 cm Durchmesser

Zubereitung

1. Butter für Mürbteig und Creme aus dem Kühlschrank nehmen und bei Zimmertemperatur sehr weich werden lassen. Das Kuttermesser damit einpinseln. Mehl, Puderzucker, Stärke und Salz einwiegen und **30 Sek./Stufe 3/ohne MB** trocken mischen. Ei und Butter hinzugeben; alles **2 Min./Teigstufe/ohne MB** zu einem glatten Teig kneten. Form mit Butter gründlich einfetten. Mürbeteig zwischen 2 Klarsichtfolien etwa 3 mm dick auswalzen, in die Form legen, am Rand etwa 1 cm hochdrücken. 1 Stunde lang im Kühlschrank ruhen lassen.
2. Backofen auf 170 °C Ober-/Unterhitze vorheizen. Mürbeteig mit Backpapier belegen, darauf die Linsen streuen und in den Backofen geben. Auf der mittleren Schiene ca. 35 Minuten lang goldgelb backen. Herausnehmen, Backpapier und Backerbsen entfernen (aufheben und wieder verwenden!), mit dem Zitronengelee ausstreichen und auskühlen lassen.
3. Gelatine in kaltem Wasser 10 Minuten einweichen. Eier, Eigelb, Schalenabrieb und Zucker in den Mixtopf geben, **40 Sek./Stufe 3/mit MB** rühren. Dabei nach 20 Sekunden den Zitronensaft durch die Deckelöffnung dazulaufen lassen, danach die Butter in Stückchen hinzugeben. **17 Min./90 °C/Stufe 2,5/ohne MB** rühren, bis die Creme dick wird. Die Gelatine ausdrücken und in der letzten Minute mit dem Limoncello einrühren. Umfüllen und im Kühlschrank 30 Minuten lang abkühlen – sie sollte noch streichfähig sein.
4. Die Creme gleichmäßig auf den Mürbeteigboden streichen und mindestens 3 Stunden (besser über Nacht) in den Kühlschrank stellen. Zitronengelee mit dem Likör in einem Töpfchen (zu kleine Menge für den Mixtopf) bei wenig Hitze unter Rühren schmelzen lassen, glatt rühren und über die Tarte streichen. Im Kühlschrank fest werden lassen. Evtl. mit geschlagener Sahne servieren.

Eierlikörcreme mit karamellisierten Zitrusfrüchten

Zutaten für 6 Portionen

Für die Karamellfrüchte:

3 Orangen
2 rosa Grapefruits
8 EL Zucker
1 EL Butter
150 ml Orangensaft (evtl. aufgefangen von den Orangen und Grapefruits)
½ TL Zimt
½ Tonkabohne
evtl. 6 EL Limoncello

Für die Creme:

1 Bio-Zitrone
500 g Mascarpone (1 Stunde vorher aus dem Kühlschrank nehmen)
5 EL Puderzucker
300 ml Eierlikör
200 g Spekulatius

Zubereitung

Karamellfrüchte (am Vortag zubereiten)

1. Von den Orangen und Grapefruits mit einem scharfen Messer die Schalen entfernen. Das Fruchtfleisch der Früchte zwischen den Innenhäuten in Filets herausschneiden.
2. Zucker und Butter in den Mixtopf füllen. **5 Min./120 °C/erst kurz Stufe 2, dann 3/ohne MB** schmelzen lassen, den Saft durch die Messbecheröffnung zugießen. Zimt und geriebene Tonkabohne dazugeben. **7 Min./90 °C/Stufe 2/ohne MB** rühren. Dann die Zitrusfilets in eine hitzebeständige Schüssel geben und den gekochten Sud sowie den Limoncello, wenn gewünscht, darüberschütten. Über Nacht abgedeckt ruhen lassen. Den Mixtopf sofort mit heißem Wasser ausspülen.

Creme

1. Zitrone mit heißem Wasser gründlich waschen und abtrocknen. Die Schale mit einer Reibe ohne die weiße Unterhaut fein abraspeln. Rühraufsatz aufstecken. Mascarpone, Puderzucker, Zitronenschalenabrieb und Eierlikör in den Mixtopf geben und **2 Min./Stufe 4/mit MB** cremig rühren. In eine Schüssel umfüllen und kalt stellen.
2. Dann die Spekulatius in Stücke brechen und im Mixtopf **5 Sek./Stufe 4/mit MB** zerkleinern. Etwa 6 EL davon zurückbehalten, die anderen Brösel auf die Gläser verteilen. Wer mag, gibt jetzt je 1 EL Limoncello darauf. Abwechselnd die Karamellfrüchte und die Eierlikörcreme verteilen. Mit den restlichen Spekulatiusbröseln bestreut servieren.

Fresh Bazil Sommerdrink

Zutaten für 2 l

Für den Sirup:

3 Bio-Zitronen
70 g Basilikum, frisch
500 ml Apfelsaft, klar
500 g weißer Zucker

Für den Drink:

1,5 l Prosecco
100 ml Gin oder Grappa
2 Lagen Eiswürfel
ein paar Blätter Basilikum und ein paar Scheiben Zitrone zum Verzieren
Sirup (s. o.) nach Geschmack

Zubereitung

Sirup

Die Zitronen unter heißem Wasser gründlich abwaschen, dann abtrocknen. Die Schale mit einer Reibe ohne die weiße Unterhaut fein abraspeln. Den Saft auspressen. Basilikum unter kaltem Wasser abspülen, ausschütteln und grob schneiden. Apfelsaft, Zitronensaft, Zucker und Zitronenschale im Mixtopf **12 Min./100 °C/ Stufe 2/ohne MB** zu einem Sirup kochen. Dann das Basilikum dazugeben, kurz unterrühren und 20 Minuten ziehen lassen. Den Sirup durch ein Sieb in eine Flasche abfüllen. Er hält sich mehrere Monate.

Drink

Prosecco über die Zitronenscheiben in ein Bowlegefäß schütten. Gin (oder Grappa) dazugeben. Das Eis im Mixtopf mittelfein crushen (mehrmals die Turbotaste drücken) und dazugeben. Nun mit dem kalten Sirup nach Geschmack süßen. Die Basilikumblätter hinzufügen und servieren.

Mini-Schoko-Gugl

Zutaten für ca. 16 Mini-Gugls oder Muffins (je nach Größe)

200 g Schokolade, zartbitter
200 g Schokolade, Vollmilch
200 g weiche Butter
150 g Zucker
6 Eier, L
1 Prise Salz
1 TL Zimt, gemahlen
20 ml Rum
100 g Mehl
½ TL Backpulver

Zum Bestäuben:
Puderzucker

Zubereitung

1. Die Schokolade in Stücke brechen und im Mixtopf **10 Sek./Stufe 4/mit MB** hacken. Butter dazugeben und **10 Min./60 °C/Stufe 1/ohne MB** schmelzen lassen, bis eine homogene Masse entsteht. In eine Rührschüssel umfüllen.
2. Mixtopf gut ausspülen und austrocknen. Backofen auf 180 °C vorheizen (Ober-/Unterhitze).
3. Zucker, Eier und Salz im Mixtopf **2 Min./Stufe 4/mit MB** zu einer Creme schlagen. Zimt, Rum, Mehl und Backpulver dazugeben und noch einmal **20 Sek./Stufe 3/mit MB** rühren.
4. Jetzt **60 Sek./Stufe 3** rühren, dabei die Schokomasse durch die Deckelöffnung hinzugeben. Anschließend nochmal **15 Sek./Stufe 5** aufschlagen.
5. Die Mini-Gugl-Formen gründlich mit Butter einfetten. Den Teig in die Küchenformen gießen (nicht ganz voll machen) und 5 Minuten ruhen lassen. Dann die Kuchen auf der mittleren Schiene im Backofen etwa 16–20 Minuten backen (Stäbchenprobe machen).
6. Gugls aus dem Ofen nehmen und vorsichtig aus den Formen stürzen. Auskühlen lassen, dann mit dem Puderzucker bestäuben.

Je hochwertiger die verwendete Schokolade, desto besser schmecken auch die Mini-Guglchen …

Erdbeerlimes

Zutaten für 1 l

1 Zitrone
500 g Erdbeeren von bester Qualität
50 g Himbeeren
50 ml Cassislikör (gibt eine schöne Farbe)
125–150 g Puderzucker
etwa 200 ml Grappa, 40 Vol. %
nach Belieben etwas frische Minze

Zubereitung

1. Zitrone auspressen. Erdbeeren putzen und kurz waschen, abtropfen lassen. Erdbeeren und Himbeeren mit dem Zitronensaft und dem Cassis in den Mixtopf geben und **1 Min./Stufe 5/mit MB** pürieren.
2. Erdbeerpüree nun abmessen (die tatsächliche Menge hängt von den Erdbeeren ab): auf 500 ml Püree gibt man 125 g Puderzucker. Alles in den Mixtopf zurückschütten und **30 Sek./Stufe 4/mit MB** mischen.
3. Erneut abmessen: Auf 450 ml gesüßtes Fruchtmus nun 150 ml Grappa geben, mit dem Schneebesen verrühren und in Flaschen füllen. Wer mag, gibt pro Flasche noch 2–3 Minzblätter dazu. Im Kühlschrank aufbewahren. Hält sich etwa 3 Monate.

Bildnachweis

S. 10, S. 11, S. 19, S. 27, S. 41, S. 44, S. 46, S. 60, S. 61, S. 63, S. 67, S. 70, S. 73, S. 81, S. 91: Elisabeth Engler, S. 13: Doris Heinrichs/Fotolia.com, S. 15: matka_Wariatka/Shutterstock.com, S. 17: sarsmis/Shutterstock.com, S. 20: vanillaechoes/Shutterstock.com, S. 23: Juraj Kovac/Shutterstock.com, S. 25: Africa Studios/Shutterstock.com, S. 28: Ingrid Balabanova/Shutterstock.com, S. 31: stockcreations/Shutterstock.com, S. 32: Stepanek Photography/Shutterstock.com, S. 34: hlphoto/Shutterstock.com, S. 35: Jag_cz/Fotolia.com, S. 36: Ramona Heim/Shutterstock.com, S. 38: Hans Geel/Shutterstock.com, S. 40: vanillaechoes/Shutterstock.com, S. 43: zoryanchik/Shutterstock.com, S. 45: HandmadePictures/Shutterstock.com, S. 47: dolphyn/Shutterstock.com, S. 48: zoryanchik/Shutterstock.com, S. 50: 5PH/Shutterstock.com, S. 51: Inkru/Shutterstock.com, S. 52: wsf-s/Shutterstock.com, S. 54: Laboko/Shutterstock.com, S. 55: Anna_Pustynnikova/Shutterstock.com, S. 56: pieropoma/Shutterstock.com, S. 57: MSPhotographic/Shutterstock.com, S. 64: Marina Lohrbach/Shutterstock.com, S. 66: olhaafanasieva/Fotolia.com, S. 68: rainbow33/Shutterstock.com, S. 69: Wiktory/Shutterstock.com, S. 75: Karl Allgaeuer/Shutterstock.com, S. 76: zoryanchik/Fotolia.com, S. 79: ExQuisine/Fotolia.com, S. 85: stockcreations/Shutterstock.com, S. 86: 5PH/Shutterstock.com, S. 88: Ekaterina Smirnova/Shutterstock.com, S. 89: pearl7/Shutterstock.com, S. 93: Artem Mykhailichenko/Fotolia.com, S. 94: Doris Heinrichs/Fotolia.com, S. 95: Jana Behr/Fotolia.com